마음속 부처 찾기

촘불서시리즈 02

선가귀감 禪家龜鑑

마음 속 부처 찾기

지안 강설

조계종
출판사

머·리·말·

선禪 수행은 중국이나 우리나라 불교사에서 수행의 으뜸 비중을 차지하여 왔다. 물론 불교의 수행 체계를 계戒·정定·혜慧 삼학三學으로 설명하거나 수행 방법을 참선參禪, 간경看經, 염불念佛, 주력呪力의 네 가지로 요약하여 말하기도 하지만 선정 수행이 불교의 보편적이고 일반적인 수행임은 두말할 나위가 없다. 이는 종파가 나뉘기 이전의 불교 근본의 입장에서 하는 말일 뿐만 아니라 간경이나 염불, 주력에서도 결국 선정이 이루어지지 않으면 올바른 수행이 이루어질 수 없다는 것을 의미한다.

선의 어원은 범어 드야나dhyāna이다. 이를 음사音寫하여 선나禪那라 한 것을 줄여 선이라 한다. 이를 번역하여 말할 때는 정려靜慮, 또는 사유수思惟修라고 한다. 이는 규봉종밀圭峰宗密: 780~841 선사가 《선원제전집도서禪源諸詮集都序》에서 밝힌 말로 마음에 망념이 일어나지 않은 순수한 마음, 곧 비어 고요한 마음(空寂之心) 그 자체로 돌아가는 것을 말한다.

선은 중국불교에서 크게 장려되고 왕성하게 일어났다. 이른바 조사선祖師禪이라는 선풍은 중국선 특유의 내용으로 육바라밀 선정의 차원과는 또 다른 특징이 있다. 나중에 오종칠가五宗七家의 종파적 갈래를 이룬 중국선은 간화선풍看話禪風과 묵조선풍默照禪風의 차이를 보이기도 하지만 불교의 궁극 목표인 깨달음을 단박에 얻을 수 있다는 기치 아래 돈오선頓悟禪이라 명명되었다. 돈오頓悟와 점수漸修의 관계를 여러 가지 상황으로 설명하면서 7대돈점七大頓漸을 이야기하는 등 활발한 선 수행 의지를 천명해 왔으며, 선에서 표방한 '교 밖으로 특별히 전해 문자를 세우지 아니하고 바로 사람의 마음을 가리켜 성품을 보아 부처가 되게 한다〔教外別傳 不立文字 直指人心 見性成佛〕'는 말이나 '한 번 뛰어 바로 여래의 경지에 들어간다〔一超直入如來地〕'는 말은 선의 기백을 나타낸다.

이러한 수행풍이 중국 당唐·송宋 시대를 선의 황금시대로 이루어 내었고, 이와 같은 수행 전통은 우리나라에도 면면히 이어져 왔다.

이번에 번역을 시도해 본 《선가귀감禪家龜鑑》은 조선조 불교를 대표하는 청허당淸虛堂 휴정休靜, 서산대사西山大師가 지은 것이다.

이 책은 우선 앞에서 말한 선의 중요 대의를 천명한 책으로 오종가풍을 위시한 선 수행 방법의 모범을 예시해 놓았을 뿐만 아니라 불교 일반 수행의 지침을 담은 종합개론서라고 할 수 있다.

서산대사께서는 이 《선가귀감》을 통해 불교수행의 전반적 체계를 일목요연하게 설명해 놓았다. 율종의 정신이라 할 수 있는 계율을 엄정하게 지닐 것을 강조했고, 간경을 해야 하는 이유 등을 밝히면서 교학의 중요성을 역설했으며, 염불과 주력까지 종합적인 수행 체계를 밝혀 놓았다. 심지어 정랑淨廊에 들어갔을 때 외는 입측오주入廁五呪까지 설하며 수행자의 위의를 갖추어야 하는 점을 말했고, 일상 속에서 공부의 정신이 살아 있어야 함을 일깨워 주었다.

이런 점에서 《선가귀감》은 승속을 막론하고 반드시 읽어야 할 수행자의 필독서이다. 서산스님께서 서문에 밝힌 바와 같이 부처님의 말씀과 부처님의 행동이 이 시대에 와서 옛날에 못 미쳐 뒤떨어지고 있는 형국에 《선가귀감》을 일독함으로 부처님의 말씀과 부처님의 행실이 다시 살아날 수 있는 계기가 왔으면 좋겠다.

귀감龜鑑이란 만대의 거울이 되는 본보기이다. '역사는 현재의 귀감'이라는 말이 있듯이 거울삼아 본받을 만한 법이 있다는 것은 법의 이익을 누릴 수 있음을 말하는 것이다. 이는 곧 수행의 이익이 인간의 삶을 살찌우는 고도의 정신적 가치가 되는 것을 뜻한다. 물론 시대에 따라 수행 가풍에도 다소 변화가 있을 것이다. 그러나 전통을 수용하고 소화한 이후에 새로운 변화가 시도되어야 바람직스럽다 할 것이다. 불교의 전통 수행법이 이 한 권의 책에 다 명시되어 있는 바이를 다시 살피어 근기에 따른 개인의 공부에 새로운 활력을 얻어 불국정토가 구현되기를 삼가 축원해 보고 싶다.

끝으로 이 책의 출판을 위해 수고해 준 조계종출판사 관계자 여러분께 감사를 드린다.

2011년 1월
통도사 반야암 염화실에서 지안 씀

일러두기

−이 책은 1607년 순천 송광사 목판본 《선가귀감》 영인본을 저본으로 삼았다. 대조 과정에서 차이 나는 한자는 문맥상 자연스러운지와 현재 통용되는지를 기준으로 정정하였다.

차.례.

머리말 ... 005

서문 ... 017

1장 — 한 물건 ... 020
2장 — 바람 없는 바다에 물결이 일어나다 ... 025
3장 — 법과 사람 ... 029
4장 — 마음 그리고 부처와 중생 ... 034
5장 — 세 곳에서 마음을 전하다 ... 037
6장 — 말에 잃고 마음에 얻음 ... 044
7장 — 생각을 끊고 반연을 잊다 ... 048
8장 — 교는 일심법을 전하고 선은 견성법을 전하다 ... 052
9장 — 부처님 말씀과 조사의 말씀이 다른 점 ... 056
10장 — 활등처럼 말씀하시고 활줄처럼 말씀하시다 ... 059
11장 — 변하지 않는 것과 인연을 따르는 뜻,
　　　　단박에 깨치는 것과 점점 닦는 문 ... 062
12장 — 살아 있는 말과 죽은 말 ... 066

13장 _ 닭이 알을 품듯 고양이가 쥐를 잡듯 ... 070
14장 _ 참선의 세 가지 요건 ... 073
15장 _ 개가 불성이 없다는 화두 ... 076
16장 _ 화두 들 때 생기는 병 ... 080
17장 _ 참선은 조사관을 뚫어야 한다 ... 084
18장 _ 거문고의 줄을 고르는 법 ... 088
19장 _ 도가 높을수록 마군이 치성하다 ... 091
20장 _ 마군의 경계는 꿈과 같은 것 ... 095
21장 _ 공부가 조금 되면 악업에 끌려가지 않는다 ... 097
22장 _ 참선하는 사람이 알고 있는가? ... 099
23장 _ 말과 행동이 어긋나면 허실을 알 수 있다 ... 106
24장 _ 한 생각을 터뜨려야 ... 108
25장 _ 눈 밝은 스승을 찾아 공부를 점검 받을 것 ... 110
26장 _ 눈 바른 것을 귀하게 여길 뿐 ... 112
27장 _ 비굴해지지도 말고 뽐내지도 말라 ... 116
28장 _ 미혹한 마음으로 닦으면 무명만 도울 뿐이다 ... 122
29장 _ 달리 성인이라는 견해가 없다 ... 124
30장 _ 중생의 마음을 버리려 하지 말라 ... 126
31장 _ 번뇌가 생기지 않는 것이 대열반이다 ... 128
32장 _ 마음을 비워 스스로 비추어라 ... 130
33장 _ 한 마음에서 일어나는 것을 자세히 관찰하라 ... 133

34장 ─ 환을 여의면 깨달음이다 ... 135

35장 ─ 생사는 공화와 같다 ... 138

36장 ─ 중생을 제도하여 열반에 들게 해도
　　　　열반에 드는 중생이 없다 ... 141

37장 ─ 이치는 바로 깨달으나 업은 바로 제거되지 않는다 ... 143

38장 ─ 계행이 없으면 마군의 도를 이룬다 ... 146

39장 ─ 부처님의 계율에 의지하지 않으면
　　　　덕 있는 사람이 못 된다 ... 151

40장 ─ 계율 존중하기를 부처님처럼 하면
　　　　부처님이 항상 곁에 계신다 ... 155

41장 ─ 윤회의 근본은 애욕이다 ... 158

42장 ─ 선정에서 청정한 지혜가 생긴다 ... 161

43장 ─ 선정에서 세간의 생겼다 소멸되는 현상을 안다 ... 163

44장 ─ 마음이 일어나지 않는 것이 나지 않는 것이다 ... 165

45장 ─ 마음의 법은 본래 고요하다 ... 167

46장 ─ 동체대비가 참된 보시이다 ... 169

47장 ─ 한 번 진심을 일으키면 백만 장애의 문이 열린다 ... 171

48장 ─ 참지 못하면 수행을 이룰 수 없다 ... 175

49장 ─ 본래의 참 마음을 지키는 것이 가장 으뜸가는 정진이다 ... 177

50장 ─ 주력으로 숙업소멸 ... 180

51장 ─ 예배 ... 183

52장 ─ 염불 ... 185

53장 ─ 경을 듣는 것 … 196

54장 ─ 경을 보는 것 … 199

55장 ─ 도를 배움은 본래 자기 성품을 닦는 것 … 202

56장 ─ 외전은 익히지 말라 … 205

57장 ─ 삼계를 벗어나 중생을 제도해야 … 208

58장 ─ 무상의 불길이 세상을 태운다 … 210

59장 ─ 세상의 명리를 구하지 말라 … 213

60장 ─ 명리납자는 초야에 묻혀 사는 사람만 못하다 … 217

61장 ─ 말법 비구가 여래를 팔다 … 220

62장 ─ 도의 눈을 밝혀야 … 224

63장 ─ 헛되이 신도의 시주를 받는 자 … 227

64장 ─ 함부로 시은을 지지 말라 … 230

65장 ─ 시주 밥을 독약과 같이 여겨라 … 233

66장 ─ 수도인은 숫돌과 같다 … 235

67장 ─ 가사 입고 사람 몸 잃어서야 되겠는가? … 237

68장 ─ 숨 한 번에 은혜를 등지고 마는 것 … 239

69장 ─ 죄업이 있으면 참회해야 … 246

70장 ─ 도인은 질박하고 곧음으로 근본을 삼아야 … 249

71장 ─ 마음과 경계를 둘 다 잊어야 … 251

72장 ─ 마음이 움직이면 귀신이 보인다 … 254

73장 ─ 참 마음은 생사를 따르지 않는다 … 257

74장 ― 나귀의 태와 말의 배에 들어갈라 ... 261

75장 ― 본지풍광을 밝혀야 ... 265

76장 ― 종사도 병이 많다 ... 269

77장 ― 본분종사가 쓰는 법 ... 272

78장 ― 먼저 종파의 갈래부터 알아야 한다 ... 275

79장 ― 선종의 5종 ... 280

80장 ― 특별히 임제종 종지를 밝히다 ... 311

81장 ― 임제의 할 덕산의 방 ... 318

82장 ― 부처와 조사를 원수처럼 보라 ... 321

83장 ― 신령스러운 빛 만고에 빛나다 ... 325

발문 ... 329

해제 ... 335
찾아보기 ... 344

선가귀감

서 · 문

 옛날에 불교를 배우는 사람들은 부처님 말씀이 아니면 말하지 않았고, 부처님의 행위가 아니면 행하지 않았다. 그러므로 그들이 보배로 여긴 것은 경전의 글뿐이었다. 그러나 오늘날 불교를 배우는 사람들은 전하면서 외우는 것이 세속 선비들의 글이요, 구해 지니는 것이 세속 선비들의 시이다. 심지어는 울긋불긋한 종이에 쓰고 아름다운 비단으로 꾸며, 아무리 많아도 만족할 줄 모르고 지극한 보배로 여기고 있으니 예와 오늘에 불교를 배우는 자들이 보배 삼는 것이 어찌 같지 않고 다른가?
 내가 비록 변변치 못하지만 옛날식의 배움에 뜻을 두어 경전 속의 글로써 보배를 삼으나 그 글이 너무 번다하고 대장경의 바다가 넓고 아득하여 훗날 뜻을 같이하는 이들이 가지를 헤치면서 잎을 따는 수고를 면치 못할까 하여 글 가운데서 가장 중요하고 간절한 말 수백 개를 간추려서 종이에 써 보았다. 글은 간단하지만 그 뜻은 두루 갖추었다 할 수 있을 것이다.

만약 이 말로써 엄한 스승을 삼아 연구를 다해 묘한 이치를 얻으면 글 구절마다 살아 있는 석가가 나타날 것이니 힘쓰도록 할지어다. 글자를 떠난 한 글귀와 격식 밖의 기이한 보배를 쓰지 않으려는 것은 아니지만, 장차 특별한 근기들을 기다릴 뿐이다.

가정嘉靖 갑자甲子:1564년 여름
청허당 백화도인 쓰다

序

古之學佛者는 非佛之言이면 不言하고 非佛之行이면 不行也라 故로 所寶者가 惟貝葉靈文而已이러니 今之學佛者는 傳而誦則士大夫之句요 乞而持則士大夫之詩라 至於紅綠으로 色其紙하고 美錦으로 粧其鈕하야 多多不足으로 以爲至寶하니 吁라 何古今學佛者之不同寶也아

余雖不肖나 有志於古之學하야 以貝葉靈文으로 爲寶也나 然이나 其文이 尙繁하고 藏海汪洋하야 後之同志者가 頗不免摘葉之勞故로 文中에 撮其要且切者數百語하야 書于一紙하니 可謂文簡而義周也라 如以此語로 以爲嚴師하야 而研窮得妙則句句에 活釋迦存焉이시니 勉乎哉인저 雖然이나 離文字一句와 格外奇寶는 非不用也나 且將以待別機也하노라

嘉靖甲子夏
淸虛堂 白華道人 序

1장
한 물건 一物

有一物於此하니 從本以來로 昭昭靈靈하여
유일물어차   종본이래   소소영영

不曾生不曾滅이라 名不得狀不得이니라
부증생부증멸   명부득상부득

여기 한 물건이 있다. 본래 밝고 신령스럽지만 이것은 일찍이 생겨나거나 소멸되는 일이 없다. 이름도 없고 모양도 없다.

一物者는 何物고 ○古人이 頌云, 古佛未生前에 凝然一相圓이라
일물자   하물   고인   송운   고불미생전   응연일상원

釋迦猶未會커니 迦葉豈能傳가 此一物之所以不曾生不曾滅일새
석가유미회   가섭기능전   차일물지소이부증생부증멸

名不得狀不得也라 六祖告衆云하되 吾有一物하니 無名無字라 諸
명부득상부득야   육조고중운   오유일물   무명무자   제

人還識否아 神會禪師卽出曰 諸佛之本源이며 神會之佛性이니다
인환식부   신회선사즉출왈   제불지본원   신회지불성

此所以爲六祖之孼子也라 즉 懷讓禪師 自嵩山來하니 六祖問曰
차소이위육조지얼자야   회양선사 자숭산래   육조문왈

什麽物이 伊麽來오 師罔措라 至八年에서야 方自肯曰 說似一物
십마물   이마래   사망조   지팔년   방자긍왈 설사일물

이라 卽不中이니다 此所以爲六祖之嫡子也라
     즉부중   차소이위육조지적자야

한 물건이 무슨 물건인가? ○ 옛 사람들이 말했다.
옛 부처 나기 전에 둥근 한 모양이 엉키었다. 석가도 몰랐거늘 가섭이 어찌 전하랴.
한 물건이 어째서 생기지도 않았고 소멸되지 않으며 이름도 없고 모양도 없다 하는가?
육조가 대중에게 말했다.
"내게 이름 없는 한 물건이 있으니 그대들은 아는가?"
신회선사가 나와서 말했다.
"부처의 본원이며 신회의 불성입니다."
이렇게 대답한 것이 육조의 서자가 되고 말았다.
회양선사가 숭산에서 왔을 때 육조가 물었다.
"무슨 물건이 이렇게 왔는가?"

회양선사가 어리둥절하여 대답을 못하다가 8년이 지난 뒤 바야흐로 스스로 알아차려 육조스님에게 말씀드렸다.
"무어라고 말하더라도 말로 하는 것은 맞지 않습니다."
이렇게 대답한 것이 육조의 적자가 되었다.

三敎聖人이 從此句出이니 誰是擧者오 惜取眉毛니라
삼 교 성 인   종 차 구 출   수 시 거 자   석 취 미 모

삼교의 성인이 한 물건이라 말한 여기서 나왔다.
누가 거론하려는가?
함부로 말하다간 눈썹이 빠진다.

'여기 한 물건이 있다'는 말로 《선가귀감》의 첫 구절이 시작된다. 한 물건이란 우주 만유의 본원인 법성法性 혹은 불성佛性의 당체를 가리키는 말이다. 이름도 없고 모양도 없는 것이면서도 만유를 생성케 하는 무한한 능력을 가진 것으로 모든 능동적인 역할을 다할 수 있다 하여 주인공主人公이라 부르기도 한다. 이는 곧 사람의 마음을 두고 한 물건이라 일컬은 것이다. 《금강경오가해설의》에는 일착자一著子라고 표현했다. 이 한 물건을 찾는 것이 바로 부처를 찾는 것이다.

이 한 물건을 밝고 신령스러운 것이라고 설명했다. 이 세상의 모든 이치가 이것에 의해 통해지므로 밝다한 것이고 신비스러운 능력이 갖추어져 있으므로 신령스럽다 한 것이다.

이것은 시공을 초월했으며 천지보다 먼저 생겼고 또한 천지보다 나중까지 남아 있다 하여 선천지후천지先天地後天地라고 묘사해 놓은 곳도 있다. 이것을 원상圓相 곧 동그라미 〇를 부호처럼 그려 놓고 옛 부처 태어나기 전에 있었던 것이라 했다. 이것은 시간이 시작되기 이전에 있었다는 말이다. 석가나 가섭이 알거나 전할 수 없다는 것은 생각으로 인식되는 상대적 존재가 아닌 절대적으로 초월된 것이란 말이다. 이것을 증득證得하는 것이 곧 깨달음이다.

적자와 서자는 법의 정맥을 바로 이은〔종통宗通〕이를 적자라 하고 지해知解의 경계에 남아 이론으로 말하는 이를 서자로 보는 선가 특유의 표현이다. 깨달음으로 법을 삼는 이오위칙以悟爲則의 취지에서 하는 말이다.

송頌에 삼교 성인이라 한 것은 불교와 유교, 도교의 성인으로 곧 부처, 공자, 노자를 가리킨 말이지만 일체 성인이라는 뜻이다.

古佛未生前 凝然一相圓 釋迦猶未會 迦葉豈能傳의 4구를 원상송圓相頌이라 한다. 《금강경오가해설의金剛經五家解說誼》에서 함허스님은 원상이 육조스님의 제자인 남양혜충南陽慧忠: ?~775 국사로부터 시작되었다고 했다. 국사가 제자 탐원耽源에게 전하고 탐원이 앙산仰山에

게 전했다.

눈썹이 빠진다는 말은 원래 단하소불丹霞燒佛의 공안 설화에 나오는 말이다.

단하천연丹霞天然: 739~824 선사가 목불을 쪼개 아궁이에 불을 지핀 적이 있다. 낙양의 혜림사에 있을 때 날씨가 매우 추워 방에 불을 때야 하는데 장작이 없어 법당의 목불을 내려다 쪼개 불을 때었다. 원주가 이를 보고 어째서 불상을 태우느냐고 야단을 치며 꾸짖었다. 단하가 재를 헤치면서 '태워서 사리를 얻으려고 그럽니다' 했다. 원주가 목불에서 무슨 사리가 나오느냐고 하자 단하는 다시 그렇다면 나무토막을 태운 것이라고 하였다. 이후 원주의 눈썹이 빠졌다.

《선문염송설화》 3칙三則에는 목불을 태웠다는 것은 뛰어난 안목이 있었다는 것이고 원주가 꾸짖은 것은 대반야를 비방한 것이므로 눈썹이 빠졌다 하였다.

2장

바람 없는 바다에 물결이 일어나다
無風起浪

佛祖出世가 無風起浪이로다
불조출세 무풍기랑

부처님과 조사가 세상에 나온 것은 바람 없는 바다에 물결이 일어난 것이다.

佛祖者는 世尊迦葉也이오 出世者는 大悲爲體하야 度衆生也라 然
불조자   세존가섭야   출세자   대비위체   도중생야   연

이나 以一物觀之則人人面目이 本來圓成커니 豈假他人 添脂着粉
     이일물관지즉인인면목   본래원성   기가타인 첨지착분

也리오 此出世之所以起波浪也니라 虛空藏經云호대 文字是魔業이
야   차출세지소이기파랑야   허공장경운   문자시마업

요 名相是魔業이며 至於佛語라도 亦是魔業이라함이 是此意也이라
   명상시마업   지어불어   역시마업   시차의야

此直擧本分이니 佛祖無功能이니라
차 직 거 본 분   불 조 무 공 능

부처님과 조사는 석가와 가섭이다. 세상에 나온다는 것은 대비大悲를 바탕으로 중생을 제도하는 것이다. 그러나 한 물건의 입장에서 본다면 사람마다 자기 본래면목이 원만히 이루어져 있다. 그럼에도 연지 찍고 분 바를 필요가 있겠는가? 그러므로 세상에 나온 것이 물결을 일으킨 것이다. 《허공장경》에 "문자도 마의 업이요, 이름과 모양도 마의 업이요, 부처님 말씀마저 마의 업이다" 한 것이 이 뜻이다. 이는 본분을 바로 들 때에는 부처와 조사도 소용없다는 말이다.

乾坤이 失色이요 日月이 無光이로다
건 곤   실 색   일 월   무 광

하늘과 땅이 캄캄하고 해와 달이 빛을 잃었구나.

선禪의 기백은 나와 불조를 똑같은 동격으로 보는 데 있다. 물론 중생

이 부처님에 의해 교화제도를 받아야 하는 입장이지만 내가 지닌 각성 그 자체에서 볼 때 나는 제도 받을 대상이 아니다. 한 물건을 가진 존재로서는 이 세상 모두가 똑같아 차별이 없다.

바람 없는데 파도가 일어났다는 것은 공연히 엉뚱한 일이 벌어졌다는 뜻이다. 본래 부처인데 부처가 되려고 하는 것은 남대문에서 서울을 가려는 것과 같다. 이미 서울에 왔는데도 서울인 줄 모르고 다른 데로 가려고 하는 어리석음이라는 뜻이다. 연지 찍고 분 바른다는 것은 얼굴에 화장한다는 뜻으로 본래면목은 꾸밀 필요가 없는 원만한 그대로의 모습이라 남에 의해 고쳐지거나 바꾸어지지 않는다는 뜻이다. 이것이 미오迷悟에 관계없는 개개인이 본래 지닌 불성, 바로 본분本分이라 한다.

《허공장경虛空藏經》은 허공장보살이 등장하는 경으로 《허공장보살신주경虛空藏菩薩神呪經》이라고도 한다. 요진姚秦 때 불타야사가 번역한 본이 있고 유송劉宋 때 담마밀다曇摩蜜多가 번역한 본이 있으며 수隋나라 때 사나굴다가 번역한 본이 있다. 허공장보살이 부처님께 대승법의 요의를 묻고 부처님이 답해주는 내용이다.

중생衆生은 범어 사뜨바sattva를 번역한 말로 정식情識이 있는 것을 말한다. 구마라습은 중생으로 현장은 유정有情이라 번역했다. 보통 중생이라는 말이 많이 쓰이는데 많은 인연에 의해 태어난다는 뜻과 여러 생生을 윤회하여 생이 많다는 뜻, 여럿이 함께 산다는 세 가지 뜻이 있다.

마魔는 범어 māra를 음사한 마라魔羅를 줄인 것이다. 올바르고 착한 일을 방해하는 악마를 가리키는 말이다. 살자殺者, 악자惡者, 장애자障碍者로 번역하고 또 마군魔軍이라 하며 마구니라고 부르기도 한다. 불교에서는 수행을 방해하는 것을 마라고 한다.

3장
법과 사람 法·人

然이나 法有多義하고 人有多機하니 不妨施說이로다
연   법유다의   인유다기   불방시설

그러나 법에도 여러 가지 뜻이 있고 사람에도 여러 근기가 있다.
따라서 여러 가지 방편을 제시한다.

法者는 一物也요 人者는 衆生也이라 法有不變隨緣之義하고 人有
법자   일물야   인자   중생야   법유불변수연지의   인유

頓悟漸修之機니 故로 不妨文字語言之施說也이라 此가 所謂官不
돈오점수지기   고   불방문자어언지시설야   차   소위관불

容針이나 私通車馬者也이라 衆生이 雖曰圓成이나 生無慧目하야 甘
용침   사통거마자야   중생   수왈원성   생무혜목   감

受輪轉故로 若非出世之金錍면 誰刮無明之厚膜也리오 至於越苦
수륜전고   약비출세지금비   수팔무명지후막야   지어월고

海而登樂岸者가 皆由大悲之恩也이라 然則恒河沙身命으로 難報
해이등낙안자   개유대비지은야   연즉항하사신명   난보

萬一也이라 此는 廣擧新熏의 感佛祖深恩이니라
만일야   차   광거신훈   감불조심은

법이란 한 물건이고 사람이란 중생이다. 법에는 변하지 않는 뜻과 인연을 따르는 뜻이 있고 사람은 근기에 따라 단박에 깨치는 경우와 점차적으로 닦는 경우가 있다. 그러므로 문자나 말로 설명하는 방편이 제시되는 것이다. 이를 두고 '공적公的인 입장에서는 바늘 끝만큼도 용납할 수 없으나 사적私的인 입장에서는 수레도 오고 간다' 한 것이다.

중생이 비록 원만하게 이루어져 있으나 태어남에 지혜의 눈이 없어 달게 윤회를 받는다. 만약에 세상을 벗어나게 하는 금으로 만든 칼이 아니면 누가 무명의 두터운 망막을 긁어낼 것인가? 괴로움의 바다를 건너 즐거운 저 언덕에 이르는 것은 모두 부처님의 대자대비한 은혜 때문이다. 그러므로 갠지스 강의 모래 수만큼 한량없는 목숨을 바치더라도 그 은혜의 만분의 일도 갚을 수 없다.

이는 새로 닦는 수행의 방법을 널리 들어 부처님과 조사들의 깊은 은혜에 감사드려야 함을 말하는 것이다.

王登寶殿하니 野老謳歌로다
왕 등 보 전   야 로 구 가

왕이 궁궐의 용상에 오르니
시골 노인이 흥겨워 노래를 하는구나.

불법을 닦는 수행에서 법이란 중생의 마음이다. 여기서는 한 물건이라 했지만 이 한 물건이 바로 마음을 지칭하는 말이다. 마음인 법이 변하지 않는 불변不變의 면과 인연을 따라 변하는 수연隨緣의 면이 있다. 이를 달리 체體와 용用으로 말하기도 한다. 체란 법 자체 곧 본체를 일컫고, 용이란 이 본체가 일으키는 작용이다. 물을 예로 든다면 습성濕性이 체다. 그러나 이 습성이 기온의 조건에 따라 액체인 물로 있을 때도 있고 고체인 얼음으로 있을 때도 있으며, 또한 수증기로 증발 기체가 되는 때도 있다. 그뿐만 아니라 눈, 서리, 이슬, 안개, 구름 따위가 모두 습성이 인연 따라 작용을 일으킨 현상의 차별된 모습이다. 마음이 미혹하면 중생이고 깨달으면 부처인 것도 법이 수연하는 현상일 뿐이다.

중생의 현실은 수연하는 쪽이다. 이렇기 때문에 수연하는 면에서는 법을 바로 알게 하기 위해서 온갖 방편을 써서 중생을 깨우친다. 여러 가지 방편을 쓰는 이유는 사람의 근기가 일정하지 않기 때문이다.

단박에 깨칠 수 있는 이들에게는 돈오법頓悟法을 쓰게 하고 점점 닦아야 하는 이들에게는 점수법漸修法을 쓰게 한다.
중생이 원만하게 이루어졌다고 한 대목은 일체중생이 모두 불성을 갖추었다는 뜻이다.

돈오점수頓悟漸修에서 돈오는 깨달음을 목적으로 하는 수행에서 오랜 시간을 요하지 않고 단박에 바로 깨달음의 경지에 이르는 것을 말하고, 오랜 시간을 통하여 단계적으로 차츰차츰 깨달음의 경지에 이르는 것을 점수라 한다. 이는 닦고 깨닫는 문제에 선후가 있다고 보는 경우와 선후가 없다고 보는 경우 등 여러 가지가 있으나 당나라 때 규봉圭峰: 780~841스님은 《선원제전집도서禪源諸詮集都序》에서 닦기 이전에 깨닫는 것은 해오解悟라 하고 닦고 나서 깨닫는 것을 증오證悟라 하며 돈점관계로 일곱 가지를 설명한 7대 돈점을 말하였다. 이중 돈오돈수頓悟頓修와 돈오점수가 실제 선 수행에서 종지를 내세워 많이 채택되는 수선법이다. 중국 임제종의 개조인 임제臨濟: ?~867스님은 돈오돈수를 주장했으며 우리나라 고려 때의 보조普照: 1158~1210스님 같은 경우는 돈오점수를 내세웠다.
금비金錍는 눈 수술을 할 때 쓰던 금으로 된 작은 칼, 곧 메스를 말한다. 이는 지혜의 칼이라는 뜻이다.
신훈新熏은 새로 훈습한다는 뜻인데 중생이 본래 깨달음인 본각本覺을 갖추고 있으나 수행을 통해 이를 계발해야 한다. 이렇게 수행을 통하여 본각을 회복하고자 수행하는 공을 신훈이라 한다. 《대승기신론》에서는 수행을 하여 본각을 계발하는 것을 시각始覺이라 했다. 본각과 시각이 하나이지만 본각은 신훈이 필요 없고 시각에서 신훈이 가해지는 것이다. 훈熏은 훈습의 뜻으로 천에 냄새가 스며들거나 염색이 되는 것과 같다고 비유하여 설명한다.

송은 원래 《임제록》에 나오는 말로 사료간四料簡 가운데 인경구불탈人境俱不奪조에 "어떤 것이 사람과 경계를 다 빼앗지 않는 것입니까?" 하니 "왕이 용상에 오르고 시골 노인 흥겨워 노래를 하는구나" 하였다.

4장
마음 그리고 부처와 중생 心·佛·衆生

强立種種名字하야 或心或佛或衆生이라 하나
강립종종명자   혹심혹불혹중생

不可守名而生解니 當體便是이라 動念卽乖니라
불가수명이생해   당체변시   동념즉괴

굳이 이런저런 이름을 붙여 마음, 부처 혹은 중생이라 하나 이름이 나르나고 다른 생각을 내어서는 안 된다. 한 물건 그 자체는 그것으로 그만일 뿐이다. 생각을 움직이면 어긋나 버린다.

一物上에 强立三名字者는 敎之不得已也요 不可守名生解者는 亦
일물상   강립삼명자자   교지부득이야   불가수명생해자   역

禪之不得已也이라 一擡一搦하며 旋立旋破는 皆法王法令之自在
선지부득이야   일대일닉   선입선파   개법왕법령지자재

者也이라 此는 結上起下하야 論佛祖事體各別이로다
자 야   차   결 상 기 하   논 불 조 사 체 각 별

―――

한 물건을 두고 구태여 세 가지 이름을 세운 것은 가르치는 형편상 부득이해서이다. 이름을 지켜 견해를 내지 말라는 것은 선의 입장에서 부득이해서 하는 말이다. 한쪽으로 들면서 한쪽으로 눌러 놓으며, 돌려세우고 돌려 깨뜨리는 것이 모두 법왕의 법령이 자유자재하기 때문이다. 이는 위의 말을 결론지어 아래의 말을 일으켜 부처와 조사들이 방편을 쓰는 경우가 다르다는 것을 말하는 것이다.

久旱에 逢佳雨요 他鄕에 見故人이로다
구 한   봉 가 우   타 향   견 고 인

―――

오랜 가뭄에 단비를 만나고
타향에서 옛 친구를 만났네.

마음, 부처, 중생 이 셋은 한 물건을 달리 부르는 이름이라는 것이다. 《화엄경》에 '마음, 부처, 중생 이 셋은 차별이 없다〔心佛及衆生是三無差別〕' 는 말이 설해져 있다. 차별 없는 것이 한 물건이다. 사실은 이 한

35

물건에서 모든 것이 나온다. 일체 제법이 이 한 물건이 있음으로 있게 된다. 다만 선禪의 세계에서는 이 한 물건에 계합된 자기 주인공 자리를 잃지 말라 한다. 망상과 번뇌가 일어나면 한 물건의 본래면목에서 이탈된다는 것이다. 명상名相에 떨어지면 분별이 난무하는 지해의 경계에서 헤매다 한 물건의 정체를 잃어버리기 때문에 이름이 빚어낸 관념에 묶이지 말라 했다. 사바세계가 음성교체音聲敎體이므로 일물一物을 증득하게 하는 방편을 제시하기 위하여 교敎가 있게 되었으나 그렇다고 교에 집착하면 달을 가리키는 손가락만 보고 달을 못 보게 된다고 선禪에서는 말한다.

법왕법령法王法令은 부처님이 중생에게 한 물건을 바로 알도록 하기 위하여 제시한 모든 수행의 방편이다. 길이 있어야 사람이 헤매지 않고 갈 수 있듯이 방편이 있어야 수행을 하여 무저가 될 수 있는 것이다. 부처님을 법왕이라 한다. 일체 법을 통달한 가장 존귀한 신분이므로 왕이다. 《법화경》에 '나는 법왕이니 법에 자재한다[我爲法王 於法自在]' 라는 말이 나온다.

5장
세 곳에서 마음을 전하다 三處傳心

世尊이 三處傳心者는 爲禪旨요
세존   삼처전심자   위선지

一代所說者는 爲敎門이라
일대소설자   위교문

故로 曰, 禪是佛心이요 敎是佛語니라
고   왈 선시불심   교시불어

세존이 세 곳에서 마음을 전한 것은 선의 종지가 되었고 일대에 걸쳐 설한 것은 교의 문이 되었다. 그러므로 선은 부처님 마음이요 교는 부처님 말씀이다.

三處者는 多子塔前에 分半座가 一也요 靈山會上擧拈花가 二也요
삼처자   다자탑전   분반좌   일야   영산회상거염화   이야

雙樹下에 槨示雙趺가 三也니 所謂迦葉의 別傳禪燈者가 此也이라
쌍 수 하   곽 시 쌍 부   삼 야   소 위 가 섭   별 전 선 등 자   차 야

一代者는 四十九年間所說五教也니 人天教가 一也요 小乘教가 二
일 대 자   사 십 구 년 간 소 설 오 교 야   인 천 교   일 야   소 승 교   이

也요 大乘教가 三也요 頓教가 四也요 圓教가 五也이라 所謂阿難이
야   대 승 교   삼 야   돈 교   사 야   원 교   오 야   소 위 아 난

流通教海者가 此也이라 然則禪教之源者는 世尊也요 禪教之派者
유 통 교 해 자   차 야   연 즉 선 교 지 원 자   세 존 야   선 교 지 파 자

는 迦葉阿難也니 以無言으로 至於無言者는 禪也요 以有言으로 至
   가 섭 아 난 야   이 무 언   지 어 무 언 자   선 야   이 유 언   지

於無言者는 教也이라 乃至心是禪法也요 語是教法也이라 法則雖
어 무 언 자   교 야   내 지 심 시 선 법 야   어 시 교 법 야   법 즉 수

一味나 見解 則 天地懸隔이니 此는 辨禪教二途니라
일 미   견 해   즉 천 지 현 격   차   변 선 교 이 도

세 곳이란 다자탑 앞에서 자리를 반씩 나눈 것이 하나요, 영산회상에서 꽃을 든 것이 둘이며, 두 그루 사라나무 아래 곽 속에서 두 발을 내보이신 것이 셋이다. 이른바 가섭에게 특별히 선의 등불을 전했다는 것이 이것이다.

일생 동안 설한 것이란 49년 동안 설하신 5교를 말한다. 1은 인천교, 2는 소승교, 3은 대승교, 4는 돈교, 5는 원교이다. 이는 아난이 교해教海를 유통시켰다는 것이다. 그러므로 선과 교의 근원은 부처님이시고, 선과 교가 나누어진 갈래는 가섭과 아난이다.

말 없는 것으로 말 없는 데 이르는 것은 선이요, 말 있는 것으로 말 없는 데 이르는 것은 교이다. 나아가 마음은 선의 법이요, 말은 교의 법이다. 법은 비록 한맛이나 견해는 하늘과 땅처럼 현격히 다르다. 이것은 선과 교의 두 길을 구분하는 말이다.

不得放過하라 草裡橫身하리라
부 득 방 과　　　초 리 횡 신

―――

주의 없이 스쳐버리지 말아라. 풀 속에 몸이 드러누울라.

선과 교의 관계를 밝혀 놓은 대목이다. 선이란 범어 드야나^{dhyāna}를 음사^{音寫}하여 선나^{禪那}라 했고 나^那자를 생략하여 선이라 한다. 정려^{靜慮}, 사유수^{思惟修}라 번역하며, 때로는 정수^{正受}, 기악^{棄惡}, 공덕총림^{功德叢林}이라 번역한다. 교는 물론 부처님 말씀을 기록하여 후대에 전한 경전이 모두 교이다.

선의 기원을 삼처전심에 근거를 두었다. 첫 번째 이야기는 다자탑 앞에서 부처님이 설법을 하실 적에 가섭존자가 뒤늦게 참석해 앉을 자리가 없자 부처님이 자신이 앉아 있던 자리를 반으로 나눠 가섭을 앉게 했다는 것이다. 두 번째 이야기는 영산회상에서 대중에게 설법을 하려던 부처님이 대중이 듣고자 귀를 기울이고 있었는데도 말씀을 하지 않고 연꽃을 들어 보이셨다. 대중이 어리둥절하여 영문을 몰랐는데 가섭만이 홀로 빙그레 미소를 짓고 있었다. 이를 본 부처님이 '내게 있는 정법안장正法眼藏 열반묘심涅槃妙心을 마하가섭摩訶迦葉에게 부촉한다'고 하였다. 세 번째는 부처님이 열반에 드실 때의 일이다. 부처님이 사라쌍수 아래서 열반에 드시고 하루가 지난 뒤 가섭이 뒤늦게 왔을 때 부처님이 관 밖으로 두 발을 내어 보이셨다.
이상의 삼처전심을 교 밖으로 특별히 법을 전한 이심전심의 비법이라 하여 이를 선의 법등이라 한다.

일대소설은 부처님이 성도한 후 제방을 유행하면서 여러 사람에게 설해준 부처님의 말씀 전체를 말하는 것으로 이를 교라 한다. 지금은 남전설南傳說을 기준하여 부처님 설법 기간을 35세에 성도하여 80세 열반에 드실 때까지 45년이라고 하지만 과거 북전설北傳說에는 30세에 성도하여 79세에 성도하기까지 49년 동안의 설법이라고 했다.

5교의 인천교人天敎는 선업을 지어야 인간 세상이나 천상에서 복을 누린다는 인과의 이치를 설한 법문으로 가장 알기 쉽게 윤리적 실천을 강조하여 오계를 지키고 십선十善을 행할 것을 설한 부처님 초기의 설법을 말한다.

소승교小乘敎는 성문聲聞, 연각緣覺의 이승二乘을 위한 설법으로 사성제四聖諦와 12인연의 교법을 말한다. 경론으로 말하면 《아함경》이나 《구사론》 등이 소승의 내용을 담고 있다.

대승교大乘敎는 남을 교화 제도하려는 이타 원력을 가지고 수행하는 보살의 수행을 가리키는 말이다. 소승교가 자리에 치중한 독선적인 것이라면 대승교는 이타를 앞세운 대중적인 교화법이다. 승은 수레를 뜻하는데 글자 그대로 소승은 적은 수레라 사람을 많이 태울 수 없지만 대승은 큰 수레라 많은 사람을 태울 수 있다는 뜻이다. 소승경을 제외한 여타의 경전이 대부분 대승경전에 속한다. 《반야경》이 나온 이후 《능가경》, 《해심밀경》, 《범망경》, 《대승기신론》 등의 경론에서 《법화경》, 《화엄경》 등에 이르기까지 수많은 대승경전이 나왔다.

돈교는 수행을 통해 점차적으로 깨달음을 얻는 것이 아닌 단박에 깨닫는 돈오頓悟의 이치를 설한 경이다. 《원각경》, 《유마경》 등이 돈교에 속한다고 교상판석을 해왔다.

원교는 불법의 이치를 궁극적이고도 가장 원만하며, 포괄적으로 설해 놓은 경전을 말한다. 대승경전의 최고봉으로 알려진 《화엄경》이 대표적인 원교이다. 육지의 강물이 바다로 흘러 들어가듯이 원교는 일체 부처님의 법문을 다 수용했다고 본다.

경전에서 삼처전심三處傳心의 출처는 다 발견되지 않는다. 다만 《대범천왕문불결의경大梵天王問佛決疑經》에 영산회상의 염화미소 이야기가 설해져 있다. 그러나 이 경은 중국에서 찬술되었기에 《전등록》보다 뒤에 나왔다고 보는 설이 있다. 정법안장 열반묘심正法眼藏 涅槃妙心이라는 말이 《전등록》에 처음으로 등장했다 하여 《대범천왕문불결의경》은 그 이후에 찬술된 것으로 본다.

가섭과 아난은 모두 부처님 십대제자에 속한다. 가섭은 마하가섭이라 부르기도 하며, 대음광大飮光이라 번역한다. 부처님 제자 가운데 가섭이라는 이름을 가진 제자가 여러 명이었다. 5대 가섭이라고 하는 말이 있는 것처럼 우루빈나가섭, 나제가섭, 가야가섭 삼형제도 있었으며, 또 선세善歲가섭, 구마라가섭도 있었다.

마하가섭은 두타제일頭陀第一이었으며, 마가다국 왕사성 바라문 마을에서 피팔라 나무 아래서 태어나 어릴 적에는 피팔라동자라 불리기도 했다. 바라문의 딸 밧다 카필라니와 결혼했으나 범행梵行을 좋아하여 부부가 함께 출가하였다.

부처님이 열반한 후 가섭은 경전을 결집하는 등 교단 유지를 위해 많은 노력을 하였다. 그가 열반에 들 때에는 최승법最勝法을 아난에게 부촉했다고 《부법장전付法藏傳》에서 밝힌다.

아난은 다문제일多聞第一이었던 제자로 20여 년간 부처님 시중을 들며 모셨다. 부처님의 사촌 동생이었으며, 데바닷타의 친형이었다는 설도 있다. 아버지가 곡반왕斛飯王이었다는 설도 있고 백반왕白飯王이었다는 설도 있다. 불경을 결집할 때 아난이 부처님으로부터 들었던 말을 모두 외워내어 결집이 이루어졌다 하여 모든 경전의 부처님 말씀을 전해주므로 그를 경가經家라 한다. 칠엽굴에서 가섭이 주도하여 처음 오백 명의 비구가 모여 제일결집을 할 때 아난은 번뇌가 다하지 못했다 하여 가섭으로부터 굴에 들어오지 못하게 제지를 당한다.

아난이 가섭에게 물었다.

"부처님이 법을 전해 줄 때 금란가사 말고 따로 무엇을 전해 주었습니까?"

"아난아, 문밖의 찰간刹竿대를 꺾어버려라."

처음 이 말을 알아듣지 못한 아난이 용맹정진하여 뜻을 깨달아 번뇌를 여의고 굴속에 들어가 경을 송출^{誦出}하였다. 이리하여 가섭은 마음의 등불을 전했다 하고 아난은 교해를 유통시켰다 한다.

송의 풀은 언초^{言艸}로 선문에서도 말로 하는 것을 언초라 한다. 말끝에 놀지 말라는 것이다.

6장
말에 잃고 마음에 얻음 _{先之於口 得之於心}

是故로 若人이 失之於口則拈花微笑가
시고 약인 실지어구즉염화미소

皆是敎迹이요 得之於心則世間麁言細語가
개시교적   득지어심즉세간추언세어

皆是敎外別傳禪旨니라
개시교외별전선지

그러므로 누구든지 말에서 잃어버리면 꽃을 들고 미소한 것도 교의 자취에 불과하고 마음에 얻으면 세간의 거친 말이나 잔소리도 모두 교 밖에 따로 전한 선의 종지가 될 것이다.

法은 無名故로 言不及也요 法은 無相故로 心不及也니 擬之於口者
법   무명고   언불급야   법   무상고   심불급야   의지어구자

는 失本心王也이라 失本心王則世尊拈花와 迦葉微笑가 盡落陳言
　실본심왕야　　실본심왕즉세존염화　　가섭미소　　진락진언

하야 終是死物也이라 得之於心者는 非但街談이 善說法要이라 至
　　종시사물야　　　득지어심자　　비단가담　　선설법요　　지

於燕語라도 深談實相也이라 是故로 寶積禪師가 聞哭聲하고 踊悅
어연어　　　심담실상야　　시고　　보적선사　　문곡성　　용열

身心하며 寶壽禪師는 見諍拳하고 開豁面目者가 以此也이라 此는
신심　　　보수선사　　견쟁권　　　개활면목자　　이차야　　차

明禪敎深淺하니라
명선교심천

법은 이름이 없다. 때문에 말로 표현하지 못한다. 법은 모양이 없다. 때문에 마음으로 상상하지도 못한다. 입으로 말해보려 하면 본래 마음자리를 잃어버리고 그러면 부처님이 꽃을 들자 가섭이 미소 지은 것이 모두 말에 떨어져서 마침내 죽은 물건이 되고 만다. 마음에 종지를 얻고 나면 항간의 이야기가 모두 좋은 법문이 될 뿐만 아니라, 제비 소리까지도 실상의 법문인 줄 깊이 알리라. 그렇기 때문에 보적선사는 통곡하는 소리를 듣고 깨달아 몸과 마음이 뛸 듯이 기뻐 춤을 추었으며, 보수선사는 주먹질을 하며 싸우는 것을 보고 본래면목을 활연히 깨달았다. 이는 선과 교의 깊고 옅음을 밝힌 것이다.

明珠在掌에 弄去弄來로다
명주재장   농거농래

손바닥에 구슬을 올려놓고 이리 굴리고 저리 굴리네.

깨달음이란 자기의 성품을 바로 보는 것이라 하여 선에서는 견성見性이라 한다. 선의 종지를 내세우는 말에 "교 밖으로 별도로 전해 문자를 세우지 아니하고 바로 사람의 마음을 가리키어 성품을 보아 부처가 된다〔敎外別傳 不立文字 直指人心 見性成佛〕"하여 견성이 성불임을 강조한다. 이 견성이라는 말을 현대적으로 해석하자면 자기의 정체를 파악하는 것이다. 견성을 한 것이 마음에 얻은 것이고, 지식으로 사량하는 것은 언어의 유희로 말의 경계라고 보는 것이다. 소위 이심전심以心傳心이라는 것은 말을 하기 이전에 이미 서로 통한다는 뜻이다. 말은 뜻을 전달하기 위한 방편에 불과하다. 흔히 죽은 말〔死句〕을 버리라고 선에서는 말한다. 죽은 물건〔死物〕이란 말이 이 사구死句를 말한다. 대신 활구活句를 쓴다는 말도 자주 한다. 죽은 말이란 번뇌 망상의 체계에서 만들어지는 말이다. 또 활구活句는 사량분별인 망상의 체계를 벗어나 깨달음에 나아간 소식이라 할 것이다.

송의 '구슬을 손바닥에 올려놓고 이리 굴리고 저리 굴린다'는 마음을 얻은 사람의 자유자재한 경지를 읊은 것이다. "어디에도 걸림이 없는 사람이라야 곧장 한길로 생사를 벗어날 수 있다〔一切無碍人 一道出生死〕"
는 《화엄경》 경문의 뜻을 노래한 말이다.

반산보적盤山寶積 선사의 오도일화는 《전등록傳燈錄》과 《오등회원五燈
會元》 등에 소개되어 있다. 선사가 어느 날 푸줏간 앞을 지나는데 고
기를 사러 온 사람이 "깨끗한 고기 한 근 주시오" 하자 푸줏간 주인
이 "깨끗하지 않은 고기는 어떤 고기입니까?" 하였다. 이 말을 무심
코 들은 보적은 마음이 활짝 열리는 느낌을 받았다. 얼마 후에는 길
을 가다 상여喪輿를 메고 가는 장례 행렬을 만나게 되었는데 상여 뒤
에 따라가며 우는 상주喪主의 곡哭소리를 듣고 큰 깨달음을 얻었다.
그때 너무나 기뻐 껑충껑충 뛰면서 춤을 추었다 한다. 이후 그는 마
조馬祖선사로부터 인가를 받고 그의 법을 이었다.
보수寶壽선사의 일화는 이렇다.
보수1세인 방장화상이 어느 날 공양주를 하고 있던 보수2세에게 물
었다.
"부모에게 태어나기 전 너의 본래 모습이 어떤 것이냐?"
이에 대답을 못한 보수2세가 이것을 참구하며 공부를 하였다. 한번
은 저자에 갔다가 우연히 주먹으로 치고받는 싸움 구경을 하다가 나
중에 한 사람이 "참으로 면목이 없네" 하며 사과하는 소리를 듣고 깨
달음을 얻었다.

7장
생각을 끊고 반연을 잊다 絕慮忘緣

吾有一言하니 絕慮忘緣하고 兀然無事坐하니
오 유 일 언　　　　절 려 망 연　　　　올 연 무 사 좌

春來草自靑이로다
춘 래 초 자 청

내게 할 말이 하나 있다.
'생각을 끊고 반연을 잊어 말없이 올연히 앉았으니 봄이 왔는지
풀이 저절로 푸르구나.'

絕慮忘緣者는 得之於心也니 所謂閑道人也이라 於戱이라 其爲人
절 려 망 연 자　　득 지 어 심 야　　소 위 한 도 인 야　　　어 희　　　기 위 인

也가 本來無緣하며 本來無事하야 飢來卽食하고 困來卽眠하며 綠水
야　　본 래 무 연　　　본 래 무 사　　　기 래 즉 식　　　곤 래 즉 면　　　녹 수

靑山에 任意逍遙하고 漁村酒肆에 自在安閑하야 年代甲子를 總不
청산   임의소요   어촌주사   자재안한   년대갑자   총부

知하되 春來依舊草自靑이로다 此는 別歎一念廻光者니라
지   춘래의구초자청   차   별탄일념회광자

생각을 끊고 반연을 잊는다는 것은 마음에 얻었다는 것이다. 이른바 한가로운 도인이다. 아하! 그 사람 하는 것, 본래 맡은 것도 없고 할 일도 없어 배고프면 밥 먹고 피곤하면 잠자네. 녹수청산에 마음대로 소요하고, 어촌 주막에 거리낌 없이 드나드네. 오늘이 며칠인지 내 알 바 아니로되 봄이 왔는지 산천이 또 푸르구나.
이것은 특별히 한 생각 빛을 돌이켜 마음의 성품을 비추는 것을 찬탄한 것이다.

將謂無人이러니 賴有一個로다
장 위 무 인   뢰 유 일 개

제대로 된 사람 아무도 없는 줄 알았더니 쓸 만한 사람 하나 있구나.

생각을 끊는다는 것은 무념의 경지인 성품의 본래 자리에 들었다는

뜻이다. 무념지의 경계가 바로 이것이다. 한가한 도인이란 원래 영가 스님이 지은 《증도가 證道歌》에 나오는 말이다. 첫 구절이 "그대 보지 못했는가? 배움을 끊고 할 일이 없는 한가한 도인은 망상을 제거하지도 않고 진리를 구하지도 않네〔君不見 絶學無爲閑道人 不除妄想不求眞〕"이다. 맡은 게 없고 할 일이 없다는 것은 무위도식을 말하는 것이 아니고 마음이 도에 안주한 무심한 상태가 되어 번뇌로 인한 분별, 갈등 따위가 없다는 뜻이다. 일체 사안에 대하여 무관심한 것도 아니다. 비록 몸이 분주하더라도 마음이 항상 고요하여 움직이지 않는 함이 없는 무위심無爲心을 말한다.

연대갑자총부지年代甲子總不知라는 말은 세월을 잊고 산다는 뜻으로 시간에 대한 의식이 일어나지 않아 몇 년, 몇 월, 며칠을 모르고 지낸다는 뜻이다. 문명을 초월한 물외한인物外閑人들의 가풍이다. 시간을 묻고 사는 현대의 기계적 생활과는 너무나 판이한 인간의 원초적 낭만처럼 느껴진다. 산에 가고 싶으면 산에 가고 강에 가고 싶으면 강에 간다. 소요逍遙라는 말은 원래 장자莊子의 소요편逍遙篇에 나오는 말로 시간에 쫓기지 않고 유유 자재한 거동을 말한다. 이 장의 이야기는 모두 마음에 관념적 의식의 부담 없이 조건 없는 생각으로 편안하게 도를 즐기며 생활한다는 의미이다.

내게 할 말이 하나 있다〔吾有一言〕는 남악나찬南嶽懶贊이 〈낙도가樂道歌〉에서 한 말이다.

회광廻光은 회광반조廻光返照로 언어 문자에 의지하지 않고 심성을 비추어 자기 정체를 살피는 선 수행의 내면적인 참구를 일컫는 말로 《임제록》 등 선 어록에 자주 등장하는 말이다.

8장
교는 일심법을 전하고 선은 견성법을 전하다 敎傳一心法 禪傳見性法

敎門에 惟傳一心法하고 禪門에 惟傳見性法이라
교문 유전일심법   선문   유전견성법

교문에서는 오직 일심법을 전하고 선문에서는 오직 견성법을 전한다.

心은 如鏡之體요 性은 如鏡之光이라 性自淸淨하니 卽時豁然하면
심   여경지체   성   여경지광   성자청정   즉시활연

還得本心이니라 此는 秘重得意一念이니라
환득본심   차   비중득의일념

마음은 거울의 바탕과 같고 성품은 거울의 빛과 같다. 성품은 스스로 청정한 것이라 곧바로 이것을 깨치면 본래 마음을 얻는 것이다.

이는 깨달음을 얻은 한 생각을 무엇보다 소중히 여긴다는 것이다.

重重山與水가 淸白舊家風이로다
중 중 산 여 수   청 백 구 가 풍

겹겹의 산과 물이 깨끗하고 밝은 옛적의 가풍 그대로네.

心有二種하니 一은 本源心이요 二는 無明取相心也이라 性有二種하니
심 유 이 종   일   본 원 심   이   무 명 취 상 심 야   성 유 이 종

一은 本法性이요 二는 性相相對性也이라 故로 禪敎者가 同迷守名
일   본 법 성   이   성 상 상 대 성 야   고   선 교 자   동 미 수 명

生解하야 或以淺爲深하며 或以深爲淺하야 遂爲觀行大病 故로 於
생 해   혹 이 천 위 심   혹 이 심 위 천   수 위 관 행 대 병 고   어

此辨之이라
차 변 지

마음은 두 가지가 있다. 하나는 본원의 마음이고 둘은 무명으로 현상을 취하는 마음이다. 성품에도 두 가지가 있다. 하나는 본래의 법성이고 둘은 현상과 상대적으로 말하는 성품이다. 그러므로 선을 닦는

자나 교를 하는 자가 다 같이 미혹하여 혹 얕은 것을 깊다 하고 혹은 깊은 것을 얕다 하는 등 관법을 수행하는 데 큰 병이 되기 때문에 여기서 가려보는 것이다.

앞에서 선교를 부처님의 마음과 말로 정의를 내린 뒤 다시 여기서 교문은 일심법을 전하고 선문은 견성법을 전한다 하여 선교의 차이를 밝혔다. 또 마음은 거울의 바탕과 같고 성품은 거울의 빛과 같다고 비유하였는데 이는 체體와 용用을 들어 비유한 것이다. 그러나 규봉선사는 《선원제전집도서》에서 마음을 성性과 상相으로 나누어 설명하면서 성을 용이 아닌 체라고 말한 경우도 있다. 본체와 그 본체가 일으키는 작용을 구분하여 체·용이라 한다.

마음(心)과 성품(性)은 종파에 따라서 다르게 써 왔다. 공종空宗에 속한 성실종成實宗 등은 제법의 근원을 성이라 하고, 성종性宗에 속한 화엄종華嚴宗 등에서는 제법의 근원을 마음이라 하였다. 비록 용어의 선택은 달랐으나 마음이 곧 성이요, 성이 곧 마음인 것이다. 다만 서산 스님은 거울의 빛을 성에 비유하였기 때문에 성이란 말이 용을 나타내는 의미로 볼 수 있다는 것이다.

마음을 본원심과 무명취상심으로 나눈 것은 본원심은 진심眞心이고 무명취상심은 망심妄心이다. 마음은 진과 망의 어느 쪽에서도 곧잘 마음이라 하고, 성도 본 법성을 두고 성이라 하는 경우도 있고 상相과 상대적인 입장에서 성이라 하기도 한다. 쓰이는 용처에 따라 개념이 다르므로 정확한 이해를 하고 있어야 한다.

일심一心과 견성見性은 만법의 근원이 마음이라 설명하는 불교의 대의이다. 삼계유심三界唯心이라든지 일체유심조一切唯心造라는 말에서 나타나듯이 마음을 떠나서 존재할 수 있는 것은 아무것도 없다. 《화엄경》에는 "마음은 그림을 그리는 화가와 같아 이 세상 모든 것을 만들어 낸다[心如工畵師 能畵諸世間]" 하였다. 《대승기신론》에서는 이 마음이 곧 법이라 하였다.

견성은 깨달음을 얻고자 하는 선가에서 성품을 보아 부처를 이룬다는 종지를 세워 성품을 보는 것을 강조하면서 쓰는 말이다. 마음에 대한 이론적 교설보다는 마음의 성품, 그것을 보면 그만이라는 것이다. 이는 교설을 듣고 지적으로 이해한다 하여도 성품을 보지 못한다면 부처가 될 수 없다는 뜻이다. 그래서 교는 일심법을 전하고 선은 견성법을 전한다 했다.

9장

부처님 말씀과 조사의 말씀이 다른 점
佛說諸經 祖師示句

然이나 諸佛說經은 先分別諸法하고 後說畢竟空하되
연   제불설경 선분별제법   후설필경공
祖師示句는 迹絶於意地하고 理顯於心源이니라
조사시구   적절어의지   이현어심원

그리하여 부처님께서 설하신 경은 먼저 온갖 법을 분별한 뒤에 더 이상 말할 것 없는 공空을 말씀하시고 조사들께서 보이신 가르침은 말의 자취가 생각으로 이해할 수 있는 것이 아니라, 그 이치가 마음의 근원에서 드러나게 한다.

諸佛은 爲萬代依憑故로 理須委示요 祖師는 在卽時度脫故로 意使
제불   위만대의빙고   이수위시   조사   재즉시도탈고   의사

玄通이라 迹은 祖師言迹也요 意는 學者意地也니라
현통   적 조사언적야   의   학자의지야

부처님은 만대에 의지할 곳이므로 이치를 모름지기 자세히 보이셨고, 조사들은 그때그때 곧바로 해탈하게 하는 데 있으므로 뜻이 그윽하게 통하게 한다. 자취란 조사의 말씀의 자취이고 뜻은 배우는 사람의 생각이다.

胡亂指注라도 臂不外曲이니라
호란지주   비불외곡

어지럽게 이러쿵저러쿵 하더라도 팔은 안으로 굽는 법이다.

부처님 말씀과 조사의 말씀이 차이가 있음을 밝혀 교와 선의 설법 형식을 알게 하는 대목이다. 경전의 말씀은 일체 법에 대한 자세한 설명을 하고 끝에 가서 공空의 이치를 설하는 것이 하나의 상례이지만, 조사들의 설법은 바로 그 자리에서 마음의 본성을 직시하여 깨달음을 얻게 하는 방법을 쓴다. '그윽하게 통하게 한다' 는 말은 이론적인 설명이나 사변적인 언설을 쓰지 않는다는 말이다. 선을 흔히 격외담

格外談이라고 하는 말이 있다. 격식을 벗어난 말이라는 뜻이다. 이것은 곧 이론적인 지식이나 생각으로 추리하는 것이 아니므로 자취가 생각으로 이해하는 자리(意地)에 끊어졌다 하였다.

부처님의 말씀은 고금을 꿰뚫어 만대의 의지할 바가 되므로 하나하나 자세하게 이해할 수 있도록 설하는 반면, 선의 조사들은 이것과는 완연히 다른 차원에서 법을 보인다.

이 장에서 설한 말은 규봉선사의 《선원제전집도서》에서 인용한 말이다. 규봉선사는 선교일치禪敎一致를 주장하기 위해서 《선원제전집도서》를 편찬했다.

송은 언어도단言語道斷의 선의 경지를 이러쿵저러쿵 할 수 없다는 격외格外의 선지禪旨를 두고 읊은 것이다.

필경공畢竟空은 더 이상 무어라 말할 수 없는 언설의 최후 한계에 와서 결국 공을 말하는 것이다. 원래 공空이란 범어 순야śūnya를 번역한 말로 일반적으로 불교에서 존재의 본질을 밝히는 용어로 쓰인다. 존재하는 사물 자체가 어느 것도 상주불변하는 실체가 없다는 뜻에서 쓰는 말이다. 무아無我의 뜻과 무자성無自性의 뜻이 있다.

도탈度脫은 해탈의 다른 말로 불보살의 입장에서 중생을 제도하여 해탈케 해준다는 뜻에서 득도해탈得度解脫이란 말을 쓰는데 이를 줄여 도탈이라 한다. 생사윤회를 벗어나서 열반의 경지에 이르는 것을 말하며 범어로는 모크샤mokṣa이다.

10장
활등처럼 말씀하시고
활줄처럼 말씀하시다 說弓·說絃

諸佛은 說弓하시고 祖師는 說絃하시니
제불   설궁   조사   설현

佛說無碍之法은 方歸一味이라
불설무애지법   방귀일미

拂此一味之迹하야사 方現祖師所示一心이니
불차일미지적   방현조사소시일심

故로 云庭前栢樹子話는 龍藏所未有底이라 하니라
고   운정전백수자화   용장소미유저

부처님 말씀은 활등과 같고 조사의 말씀은 활줄과 같다. 부처님이 설한 걸림이 없는 법은 결국 일마一味에 돌아가는 것이다. 그러나 이 일미의 자취마저 떨쳐버려야 바야흐로 조사가 보인 한 마음이 드러나게 된다. 때문에 '뜰 앞의 잣나무'라 한 화두는 용장龍藏에도 없다고 말하는 것이다.

說弓은 曲也요 說絃은 直也며 龍藏은 龍宮之藏經也라 僧이 問趙
설궁 곡야   설현   직야   용장   용궁지장경야   승   문조

州호되 如何是祖師西來意닛고 州答云 庭前栢樹子라 하니 此所謂
주   여하시조사서래의   주답운 정전백수자   차소위

格外禪旨也라
격외선지야

활등처럼 말씀하셨다는 것은 구부러졌다는 것이고, 활줄처럼 말씀하
셨다는 것은 곧다는 것이다. 용궁의 장경이란 용궁에 모셔둔 대장경
이다.
어떤 스님이 조주에게 물었다.
"조사가 서쪽에서 온 뜻이 무엇입니까?"
조주가 답하기를
"뜰 앞의 잣나무이니라" 하였다.
이것이 바로 격외선지이다.

魚行水濁이요 鳥飛毛落이니라
어행수탁   조비모락

고기가 헤엄치니 물이 흐리고 새가 나니 털이 빠져 떨어진다.

교와 선은 곡담曲談과 직설直說로 법을 가르치고 보인다는 말이다. 활 등은 굽고 활줄은 곧다. 말로써 설명하는 것이 곡담이고 단도직입적으로 격외로 들어가는 것을 직설이라 할 수 있다. 간화선看話禪의 공안公案은 교외별전敎外別傳이므로 용장에 없다고 하였다. 조사서래의 祖師西來意는 조사가 서쪽에서 온 뜻, 곧 달마가 인도에서 중국으로 온 뜻이란 말인데 이는 불법의 단적인 핵심 대의이다. 조사가 온 뜻이 무엇이냐, 하는 말은 불법의 적적대의的的大意가 무엇이냐는 말이다.

송은, 격외도리는 생각을 일으키거나 마음에 요량을 하면 어긋나져 허물이 된다는 뜻으로 곧 마음을 일으켜 생각을 움직이는 기심동념起心動念을 해서는 안 된다는 말이다.

11장
변하지 않는 것과 인연을 따르는 뜻
단박에 깨치는 것과 점점 닦는 문
不變隨緣 頓悟漸修

故로 學者는 先以如實言敎로 委辨不變隨緣二義가
고   학자   선이여실언교   위변불변수연이의

是自心之性相이며 頓悟漸修兩門은
시자심지성상   돈오점수양문

是自行之始終한 然後에 放下敎義하고
시자행지시종   연후   방하교의

但將自心 現前一念하야
단장자심 현전일념

參詳禪旨則必有所得하리니 所謂出身活路니라
참상선지즉필유소득   소위출신활로

그러므로 배우는 사람은 먼저 부처님의 참다운 가르침으로, 변하지 않는 것과 인연을 따르는 두 가지 뜻이 내 마음의 성품과 형상이며, 단박에 깨닫는 것과 점차적으로 닦는 두 가지 문에 대한 공부의 자초지종을 자세히 알아야 한다. 그런 다음 교의 뜻을 놓아버리고 다만 자신의 마음에 드러난 한 생각을 가지고 선지를 참구하면 반드시 얻는 바가 있을 것이다. 이렇게 하는 것이 바로 몸이 뛰쳐나오는 살길이다.

上根大智는 不在此限이나 中下根者는 不可獵等也니라 敎義者는
상 근 대 지   부 재 차 한   중 하 근 자   불 가 엽 등 야   교 의 자

不變隨緣과 頓悟漸修가 有先有後요 禪法者는 一念中에 不變隨緣과
불 변 수 연 돈 오 점 수 유 선 유 후 선 법 자   일 념 중   불 변 수 연

性相體用이 元是一時이라 離卽離非나 是卽非卽이니 故로 宗師는 據
성 상 체 용 원 시 일 시   이 즉 이 비   시 즉 비 즉   고   종 사   거

法離言하고 直指一念하야 見性成佛耳이라 放下敎義者가 以此이라
법 이 언   직 지 일 념   견 성 성 불 이   방 하 교 의 자   이 차

근기가 높고 큰 지혜가 있는 사람이라면 꼭 이래야 하는 것은 아니지만 어중간한 근기의 낮은 사람들은 건너뛸 수가 없다. 교의 뜻이란 변하지 않는 것과 인연을 따르는 것, 단박에 깨닫고 점차 닦는 것이 선후가 있다. 선법이란 한 생각 가운데 변하지 않고 인연을 따르는 것인 성품과 형상, 본체와 작용이 원래 함께하는 것이라 곧 특정의 어느 것이라 할 수 없고, 아니라고 할 수도 없으면서 곧 특정의 어느 것이기도 하고 아닌 것이다. 그렇기 때문에 종사들은 법을 쓰되 말을 떠나고 바로 한 생각을 가르쳐 성품을 보아 부처가 되게 하는 것이

다. 교의 뜻을 놓아버리라는 것은 이 때문이다.

明歷歷時에 雲藏深谷이요 深密密處에 日照晴空이라
명 역 력 시   운 장 심 곡   심 밀 밀 처   일 조 청 공

―――――

밝아 환할 때에 깊은 골짜기에 구름이 끼고, 깊숙이 빽빽한 곳엔 맑은 하늘에 해가 뜨는구나.

불도를 배우는 사람의 바람직한 자세는 선·교를 두루 섭렵하여 불변과 수연, 돈오와 점수의 법의 이치를 제대로 알고 난 다음 본분공부, 곧 선법을 참구하는 데 들어가는 것이 좋다고 한 말이다. 특별한 상근기의 경우는 공부를 정해진 절차에 따라 한다고 볼 수 없지만 중·하근기의 경우는 먼저 교를 배워 익히고 그런 다음 선을 참구하는 것이 일반적인 공부 과정이라 할 수 있다. 흔히 말하는 사교입선捨敎入禪이란 말도 교를 익히고 나서 교를 놓아버린다는 뜻이다.

불변과 수연은 제법을 본체와 작용의 두 가지 면에서 설명하는 말이다. 기신론의 내용을 요약한 〈대총상법문大總相法門〉에 설해져 있는 말이고 사집 과목의 하나인 《법집별행록절요法集別行錄節要》 내용도 불변과 수연의 이치를 설해 놓은 것이다.

송은 불변과 수연의 체體와 용用이 현상의 사상事相에 그대로 나타나 서로 조화되어 어울리고 있음을 설한 것이다.

불변不變과 수연隨緣은 본체의 성품이 체가 되어 인연을 따라 일체 현상의 작용을 일으키는 것을 말한다. 제법의 이치가 이 두 가지 뜻으로 설명된다.
성性, 상相, 체體, 용用에 있어 불변의 본체는 성이고 이것이 인연 따라 현상을 나타내는 것이 상이다. 그리고 본체는 작용을 일으키므로 여기서 체와 용을 말하는 것이다.
이즉이비 시즉비즉離卽離非 是卽非卽은 《능엄경》 4권에 나오는 말로 이사구절백비離四句絶百非와 같은 뜻으로 '무엇을 긍정하여 그것이다' 하는 것이 즉卽이고 아니라고 부정하는 것이 비非인데 긍정하거나 부정할 수 있는 대상이 아닌 것이 이즉이비이고 그렇다고 긍정되어지면서 동시에 그렇지 않다고 말하는 것이 시즉비즉이다.
종사宗師는 선의 종지를 터득한 고승에게 붙이는 칭호로 조사祖師와 같이 쓰이는 말이다.

12장
살아 있는 말과 죽은 말 活句·死句

大抵學者는 須參活句요 莫參死句어다
대저학자 수참활구 막참사구

무릇 배우는 사람들은 살아 있는 말을 참구해야 하며 죽은 말을 참구해서는 안 된다.

活句下에 薦得하면 堪與佛祖爲師요 死句下에 薦得하면 自救도 不
활구하   천득   감여불조위사   사구하   천득   자구 불

了니라 此下는 特擧活句하야 使自悟入이니라
요   차하   특거활구   사자오입

살아 있는 말에서 알아차리면 부처와 조사로 더불어 스승이 될 수 있으나 죽은 말에서 알아차려 봤자 제 자신도 구할 수 없다. 이 아래

는 특별히 살아 있는 말을 들어서 스스로 깨달아 들어가도록 하는
것이다.

要見臨濟인댄 須是鐵漢이니라
요 견 임 제   수 시 철 한

임제스님을 보고자 한다면 무쇠로 된 사람이라야 한다.

話頭에 有句意二門하니 參句者는 徑截門活句也니 沒心路沒語路
화 두   유 구 의 이 문   참 구 자   경 절 문 활 구 야   몰 심 로 몰 어 로

하야 無摸索故也요 參意者는 圓頓門死句也니 有理路有語路하야
   무 막 색 고 야   참 의 자   원 돈 문 사 구 야   유 이 로 유 어 로

有聞解思想故也이라
유 문 해 사 상 고 야

화두에는 말과 뜻의 두 가지 문이 있다. 말을 참구하는 것은 지름길
로 가는 문이니 마음의 길이나 말의 길이 없어서 더듬어 찾을 수가 없
다. 뜻을 참구하는 것은 원돈문의 죽은 말이니 이치의 길과 말의 길
이 있어서 들어 알 수 있고 생각할 수도 있다.

활구活句와 사구死句는 선가에서 쓰는 특이한 용어이다. 활구란 사량 분별이 끊어지고 말의 자취가 없으며 뜻풀이가 따르지 않는 성성적 적적惺惺寂寂한 직관의 경지를 말하고 사구死句란 식심으로 분별하는 지해의 경계를 말한다. 특히 간화선에서의 활구는 화두를 말한다. 간화선을 완성했다고 평가 받는 대혜종고大慧宗杲: 1089~1163 선사가 참선에 활구를 참구해야 한다고 주장했다. 그리하여 간화선에서 활구를 통해 종지를 터득하는 것을 경절문이라 한다.

또 동산양개 화상은 활구와 사구에 대하여 말하기를 '말 가운데 말이 없는 것이 활구요 말 가운데 말이 있는 것이 사구(語中無語曰活句 語中有語曰死句)'라고 하였다.

원돈문이란 이치적으로 논리를 세워서 이해해 나가는 교법상敎法上의 공부이다. 원래 원돈이란 경전을 교상판석敎相判釋할 때 쓰는 용어인 원교圓敎: 원만한 가르침와 돈교頓敎: 단박에 깨치는 법을 가르친 것를 합쳐 원돈이라 한다.

화두는 공안公案이라고도 하며 또는 고측古則이라고도 한다. 원래 뜻은 말 혹은 이야기라는 뜻이지만 간화선에 있어서는 의심을 일으키는 말을 화두라 한다.

송의 임제는 의현선사로 중국 선종의 임제종을 세운 스님이다. 황벽희운의 제자로 황벽스님으로부터 세 차례에 걸쳐 방을 맞고 대우스님 회상에 가 깨달음을 얻었다는 오도기연悟道機緣이 있는 스님이다. 나중에 할喝을 잘 써서 임제의 할이란 말이 나왔다.

13장
닭이 알을 품듯 고양이가 쥐를 잡듯
如鷄抱卵 如猫捕鼠

凡本參公案上에 切心做工夫하되 如鷄抱卵하며
범 본 참 공 안 상   절 심 주 공 부   여 계 포 란

如猫捕鼠하며 如飢思食하며 如渴思水하며
여 묘 포 서   여 기 사 식   여 갈 사 수

如兒憶母하면 必有透徹之期하리이라
여 아 억 모   필 유 투 철 지 기

무릇 공안을 참구할 때에는 간절한 마음으로 공부를 하되 닭이 알을 품듯, 고양이가 쥐를 잡듯, 배고픈 이가 밥을 생각하듯, 목마른 이가 물을 생각하듯, 젖먹이가 엄마를 생각하듯 하면 반드시 뚫어낼 때가 있으리라.

祖師公案이 有一千七百則하니 如狗子無佛性과 庭前栢樹子와 麻
조 사 공 안   유 일 천 칠 백 측   여 구 자 무 불 성   정 전 백 수 자   마

三斤과 乾屎橛之類也이라 鷄之抱卵은 暖氣相續也요 猫之捕鼠는
삼 근   간 시 궐 지 유 야   계 지 포 란   난 기 상 속 야   묘 지 포 서

心眼이 不動也요 至於飢思食 渴思水 兒憶母가 皆出於眞心이요
심 안   부 동 야   지 어 기 사 식   갈 사 수   아 억 모   개 출 어 진 심

非做作底心故로 云, 切也니 參禪에 無此切心하고 能透徹者가 無
비 주 작 져 심 고   운   절 야   참 선   무 차 절 심   능 투 철 자   무

有是處니라
유 시 처

조사 공안이 천칠백 개가 있다. '개가 불성이 없다' 라든지 '뜰 앞의 잣나무', '삼 서 근', '마른 똥 막대기' 같은 것들이다. 닭이 알을 품은 것은 따뜻한 기운이 지속되는 것이요, 고양이가 쥐를 잡는 것은 마음과 눈이 움직이지 않는 것이요, 배고플 때 밥 생각하는 것이나 목마를 때 물 생각하고 젖먹이가 엄마를 생각하는 것은 모두 진심에서 우러나는 것으로 일부러 만드는 마음이 아니므로 간절하다. 참선하는 데에 이 간절한 마음 없이는 뚫어낼 수가 없는 것이다.

참선할 때 화두 드는 방법을 일러놓은 말이다. 흔히 간단間斷이 없이 들어야 한다고 말하는 것처럼 간절한 마음으로 화두에 마음이 모아져 움직이지 말아야 한다는 점을 강조하였다. 닭이 알을 품고 고양이가 쥐를 잡는 것과 같다는 등의 비유가 의심이 일어나 중간에 끊어짐이 없어야 한다는 것이다.
공안이 천칠백 개라는 것은 《전등록》에 나오는 공안의 수를 두고 말한 것이다.

공안을 참구하여 견성을 지향하는 것이 간화선의 핵심 공부법이다. 공안이란 공부안독公府案牘의 줄인 말로 원래는 반드시 지켜야 할 조정의 법령을 가리키는 말이었다. 선종에서 부처님이나 조사들이 제시한 어구나 행동, 제자들과 나눈 대화나 깨달음의 계기가 된 어떤 정황 등을 참선의 모범이 되는 법칙으로 여겨 이를 공안이라 했다.
구자무불성화狗子無佛性話는 조주스님에게서 나온 공안으로 "개도 불성이 있습니까? 없습니까?"라고 물은 말에 없다고 답한 것이 유명한 무자無字 화두가 되었다.
마삼근麻三斤은 동산수초洞山守初: 910~990 스님이 제시한 것으로 "어떤 것이 부처입니까?" 한 물음에 "삼 서 근이니라"라고 답했다.
간시궐乾屎橛은 운문문언雲門文偃: 864~949 스님에게 "어떤 것이 부처입니까?"하고 물었을 때 운문이 "마른 똥 막대기니라"하고 대답한 말이다.

14장

참선의 세 가지 요건 參禪三要

參禪에 須具三要니 一은 有大信根이요
참선   수구삼요   일   유대신근

二는 有大憤志요 三은 有大疑情이니 苟闕其一하면
이   유대분지   삼   유대의정   구궐기일

如折足之鼎하야 終成廢器니라
여절족지정   종성폐기

참선에는 모름지기 세 가지 요건을 갖추어야 한다. 첫째는 큰 신심이 있어야 하고 둘째는 크게 분발하는 마음이 있어야 하며 셋째 큰 의심이 있어야 한다. 만약 하나라도 빠지면 발이 부러진 솥과 같아서 못쓰는 그릇이 되고 만다.

佛云, 成佛者는 信爲根本이라 하시고 永嘉云, 修道者는 先須立志이
　불운　성불자　　신위근본　　　　　영가운　수도자　　선수입지

라 하고 蒙山云, 參禪者는 不疑言句가 是爲大病이라 하고 又云, 大
　　　　몽산운　참선자　　불의언구　　시위대병　　　　　우운　대

疑之下에 必有大悟이라 하니라
　의지하　필유대오

부처님께서 말씀하시기를 "부처를 이루는 데에는 믿음이 근본이 된다" 하였고, 영가스님은 "도를 닦는 자는 먼저 모름지기 뜻을 세워야 한다" 하였다. 몽산스님은 "참선을 하는 자가 언구를 의심하지 않는 것이 큰 병이다" 하고 또 말씀하기를 "크게 의심하는 데서 반드시 큰 깨달음이 있다" 하였다.

간화선의 참선은 화두를 타파하기 위해 전력투구하는 방법을 쓴다. 그러기 위한 세 가지 요건을 여기서 밝혔다. 원래 이 말은 고봉원묘高峰原妙: 1238~1295 선사의 어록인《선요禪要》에 나오는 말이다. 이 말과 함께 그는 믿음이 십 분이면 의심도 십 분이고 의심이 십 분이면 깨달음도 십 분이라 하였다(信有十分 疑得十分 疑得十分 悟得十分). 이 말은 믿음이 꽉 차야 의심이 꽉 차며 의심이 꽉 차야 깨달음을 얻는다는 말이다. 먼저 깨달음을 얻을 수 있다는 확신, 곧 내가 견성할 수 있다는

것을 깊이 믿는 것이 큰 믿음이다. 《화엄경》〈현수품〉에 "믿음이 도의 근원이요, 공덕의 어머니다(信爲道元功德母)" 하였다. 용맹정진하는 투철한 정신으로 꼭 이루겠다는 굳은 결의가 큰 분발이며 화두에 의심이 몰입되는 것이 큰 의정이다. 크게 의심하는 데서 큰 깨달음을 얻는다는 것은 의심을 통해서 깨달음을 얻는다는 간화선의 근본 취지를 밝히는 말이다.

영가永嘉: 665~713스님은 육조혜능의 5대 제자 가운데 한 사람으로 법명을 현각玄覺, 호를 진각眞覺이라 불렀다. 육조스님을 찾아가 하룻밤을 자다가 깨달았다 하여 일숙각一宿覺이라는 별호도 있었다. 8세에 출가했다고 전해지며, 처음 천태의 지관을 닦다가 나중에 육조를 찾아가 깨달음을 얻고 인가를 받았다. 저서로는 《선종영가집禪宗永嘉集》과 깨달음의 노래로 알려진 《증도가證道歌》, 《관심십문觀心十門》 등이 있다.

몽산蒙山스님은 원나라 세조 때 활약한 스님이나 생몰연대가 확실하지 않다. 이름은 덕이德異였고 그가 살았던 지명에 의해 고균비구古筠比丘, 휴휴암주休休庵主라 부르기도 했다. 고려 충렬왕 때 우리나라 스님들과 서신 거래가 있었으며 간화선의 공안 참구를 설한 《몽산법어》가 있으며 《수심결》이 있다. 또 《육조단경》에 그가 서문을 쓴 본을 덕이본德異本이라 부르는데 그의 이름으로 부르는 말이다.

15장
개가 불성이 없다는 화두 狗子無佛性話

日用應緣處에 只擧狗子無佛性話하야
일용응연처   지거구자무불성화

擧來擧去하며 疑來疑去에
거래거거   의래의거

覺得沒理路沒義路沒滋味하야
각득몰이로몰의로몰자미

心頭熱悶時가 便是當人放身命處며
심두열민시   편시당인방신명처

亦是成佛作祖底基本也니라
역시성불작조저기본야

일상생활 속에서 '개에게 불성이 없다'는 화두를 들어 꾸준히 의심해 나가면 이치의 길이 없어지고 생각이 막혀 아무 재미가 없어 가슴이 답답해짐을 느낄 때가, 바로 그 사람의 목숨을 던질 곳이며 또한 부처가 되고 조사가 되는 터전이 된다.

僧問趙州하되 狗子還有佛性也無잇가 州云, 無이라 하니 此一字子는
승문조주   구자환유불성야무   주운 무   차일자자

宗門之一關이며 亦是摧許多惡知惡覺底器仗이며 亦是諸佛面目이
종문지일관   역시최허다악지악각저기장   역시제불면목

며 亦是諸祖骨髓也이라 須透得此關然後에사 佛祖를 可期也이라
  역시제조골수야   수투득차관연후   불조   가기야

古人頌云, 趙州露刃劍이 寒霜光燄燄이라 擬議問如何하면 分身作
고인송운 조주노인검   한상광염염   의의문여하   분신작

兩段하리라
양단

어떤 스님이 조주에게 물었다.
"개에게 불성이 있습니까?"
조주가 대답하기를 "없다" 한 이 한마디 말이 종문의 한 관문이며 또한 온갖 나쁜 지견과 그릇된 감각을 꺾어버리는 연장이다. 또한 이것이 부처의 면목이며, 조사의 골수이다. 모름지기 이 관문을 뚫고 나간 뒤라야 부처와 조사가 될 수 있는 것이다.
옛 사람이 읊었다.

　　조주의 무서운 칼이

서릿발처럼 번쩍이네.
무어라 물으려 한다면
몸이 두 동강 나리라.

구자무불성화는 줄여서 무자無字 화두라고 하는데 천칠백 공안을 대표하는 화두라 한다. 종문의 관문關門이란 이 화두를 통해서 깨달음의 세계에 들어감으로 무자의 화두가 관문과 같다는 뜻이다. 때로는 조사관祖師關이라 부르기도 한다.

교에서 말하는 불교의 대의 가운데 하나는 모든 중생이 불성을 가지고 있는 존재로 누구나 부처가 될 수 있다는 것이다. 《열반경》에 '일체중생이 모두 불성이 있다[一切衆生 悉有佛性]' 하였다. 그렇다면 왜 개가 불성이 없는가? 조주스님이 분명 개도 불성이 있느냐는 물음에 없다고 대답하였다. 이 없다는 무無가 있다 없다는 상대적인 뜻을 가진 말이 아니라 일체 사량분별을 쉬게 하는 것으로 유나 무, 혹은 중도에도 떨어지지 못하도록 하는 하나의 장치인 것이다. 그렇기 때문에 공안이 되는 것이다. 《오등회원五燈會元》 4권에는 이와 반대의 이야기도 있다.

어떤 스님이 물었다.
"개도 불성이 있습니까?"
조주스님이 답했다.
"있다."

"불성이 있다면 왜 개의 가죽을 뒤집어쓰고 있습니까?"
"알면서도 일부러 범했기 때문이니라."
이상에서 보듯이 '없다' 나 '있다' 가 모두 의심을 일으키게 하기 위해 주어진 말일뿐 이 말에 사량 분별심을 붙이면 화두가 되지 않는다. 화두는 오직 생각이 막힌 의심덩어리일 뿐이다. 그래서 때로는 화두를 의단疑團이라고도 한다.

불성佛性은 부처가 되는 근본 성품이라는 말로 범어 부다트바Buddhatva를 번역한 말이다. 중생의 본각진심本覺眞心을 달리 부르는 말로 진여眞如 혹은 법성法性이라는 말과 같은 뜻이 있다. 진여를 정보正報 곧 근신根身 쪽에서는 불성이라 하고 의보依報 곧 기계器界 쪽에서는 법성이라 한다.

16장
화두 들 때 생기는 병 話頭十病

話頭는 不得擧起處에 承當하며 不得思量卜度하며
화두 부득거기처   승당   부득사량복탁

又不得將迷待悟니 就不可思量處하야 思量하면
우부득장미대오   취불가사량처   사량

心無所之가 如老鼠入牛角하야 便見倒斷也리이라
심무소지   여노서입우각   편견도단야

又尋常에 計較安排底도 是識情이며
우심상   계교안배저   시식정

隨生死遷流底도 是識情이며 怕怖慞惶底도
수생사천류저   시식정   파포장황저

是識情이어늘 今人이 不知是病하고 只管在裡許하야
시식정   금인   부지시병   지관재리허

頭出頭沒하나니라
두출두몰

화두는 드는 곳에서 알아맞히려 하지 말아야 하며, 생각으로 헤아려서도 안 된다. 또 미혹한 상태로 깨닫기를 기다려도 안 된다. 더는 생각할 수 없는 곳에 나아가 생각하면 마음이 갈 데가 없어 늙은 쥐가 쇠뿔 속에 들어가 꼼짝없이 잡히는 것처럼 될 것이다. 이런가? 저런가? 따져 맞추려 하는 것은 식정識情: 마음에서 일어나는 망념이며, 생사를 따라 흘러가는 것도 식정이며, 두려워 갈팡질팡 어쩔 줄 모르는 것도 식정이거늘 요즈음 사람들이 이것이 병인 줄 알지 못하고 단지 이 속에서 빠졌다 솟았다 하고 있을 뿐이다.

話頭에 有十種病하니 日意根下卜度이요 日揚眉瞬目處探根이요
화두   유십종병   왈 의 근 하 복 탁   왈 양 미 순 목 처 타 근

日語路上作活計요 日文字中引證이요 日擧起處承當이요 日颺在
왈 어 로 상 작 활 계   왈 문 자 중 인 증   왈 거 기 처 승 당   왈 양 재

無事匣裡요 日作有無會요 日作眞無會요 日作道理會요 日將迷待
무 사 갑 리   왈 작 유 무 회   왈 작 진 무 회   왈 작 도 리 회   왈 장 미 대

悟也이라 離此十種病者는 但擧話頭時에 略抖擻精神하야 只疑是
오 야   이 차 십 종 병 자   단 거 화 두 시   약 두 수 정 신   지 의 시

個甚麽니라
개 심 마

화두를 참구하는 데에 열 가지 병이 있다. 분별하는 마음으로 헤아리

는 것과 눈썹을 치켜 올리며 눈을 깜박이면서 붙잡아 내려는 것, 말길 위에서 살림살이를 만드는 것, 문자 가운데서 인용하여 증거를 삼으려는 것, 들어 일으키는 곳에서 알아맞히려는 것, 쓸데없이 날려가 있는 것, 있다 없다는 것으로 알려하는 것, 참으로 없다고 아는 것, 도리가 있을 것이라고 아는 것, 미혹한 상태로 조급하게 깨닫기를 기다리는 것이다. 이 열 가지 병을 여의고 다만 화두를 들 때에는 정신을 차리고 이 무엇인가? 의심만 할 뿐이다.

화두 들 때 무엇보다도 생각이 이리저리 움직이면 안 된다고 주의를 주는 대목이다. 스스로 의심하는 화두에 자기 지견을 내어 알아맞히려 하거나 빨리 깨달아야 되겠다는 생각도 하지 말라는 것이다. 눈을 깜박이며 무언가를 찾아내려는 시늉도 하지 말라는 등 열 가지 병을 예시하였다. 예로부터 이를 무자화두의 10병이라 불러왔다.

노서입우각老鼠入牛角은 옛날 중국에서 소뿔을 이용하여 쥐를 잡았던 일에 비유한 것인데 화두를 의심하여 일체 생각을 틀어막아 마음을 움직이지 못하게 하는 선법을 말한다. 소뿔 속에 쥐를 유혹하는 먹이를 넣어 두면 쥐가 냄새를 맡고 들어가 뒤로 빠져 나오지를 못하고 꼼짝없이 잡힌다는 것이다.

식정識情은 범부의 미혹한 마음에서 일어나는 지해知解를 말한다. 식심의 번뇌에 의한 생각이 일어나 견해를 짓는 것이다.

17장

참선은 조사관을 뚫어야 한다
參禪 須透祖師關

此事는 如蚊子가 上鐵牛하야 更不問如何若何하고
차사 여문자 상철우 갱불문여하약하

下嘴不得處에 棄命一攢하야 和身透入이니라
하취부득처 기명일찬 화신투입

이 일화두 들고 참선하는 것은 모기가 무쇠로 된 소에 덤벼드는 것과 같이 하여 이러쿵저러쿵 묻지 말고 주둥이를 들이댈 수 없는 곳에 목숨을 버리고 한 번 뚫어 몸채로 들어가야 한다.

重結上意하야 使參活句者로 不得退屈이니 古云, 參禪은 須透祖師
중결상의   사참활구자   부득퇴굴   고운 참선 수투조사

關이요 妙悟는 要窮心路絶이라 하니라
관   묘오   요궁심로절

위에서 말한 뜻을 거듭 마무리하여 활구를 참구하는 자로 하여금 물러나지 않도록 하는 것이다. 옛적에 말하기를 "참선은 모름지기 조사관을 뚫어야 하고, 미묘한 깨달음은 마음에 일어나는 생각의 길이 막혀 끊어져야 한다" 하였다.

화두를 참구하여 조사관을 뚫는 경지를 비유한 말로 모기가 무쇠로 된 소 몸을 뚫고 통째로 들어가는 것과 같은 기백이 있어 목숨을 돌보지 않는 투철한 각오로 의단을 타파하라는 말이다. 참구자參究者에게는 이 세상에 아무것도 없고 오직 화두 하나만 있을 뿐이다. 이러쿵저러쿵 생각을 써서 궁리하는 것으로는 되지 않으므로 모든 격식을 초월하여 격외格外에서 선의 지취를 얻는다. 이것이 말하자면 모기가 무쇠로 된 소를 뚫고 들어가는 것이다.

조사관祖師關은 간화선에서 쓰는 말로 조사의 관문이란 뜻이다. 화두를 타파하는 것을 조사관을 뚫는다고 일컫는다. 달마가 중국에 와 선법을 펴고부터 선이 발달했다. 그 뒤 육조六祖의 대를 거쳐 내려와 간화선이 등장했으며 이때부터 선의 근본 종지를 특별히 부각, 천명하면서 조사선이라 불러왔다. 규봉은 《선원제전집도서》에서 선을 다섯 가지로 나누어 범부선凡夫禪, 외도선外道禪, 소승선小乘禪, 대승선大乘禪, 최상승선最上乘禪이라 했고 이 가운데 최상승선을 여래선如來禪이라 했다.

《능가경楞伽經》에도 4종선의 이름이 나오는데, 범부소행선凡夫所行禪, 관찰의선觀察義禪, 반연여선攀緣如禪, 여래선如來禪이다. 이때까지는 여래선이 최고의 선으로 인식되었다. 그 후 위앙종을 연 위산영우潙山靈佑: 771~853와 그의 법을 이은 앙산혜적仰山慧寂: 803~887의 때에 이르러 조사선이라는 말이 등장한다.

《전등록》 11권에 보면 앙산이 그의 제자 향엄香嚴: ?~898과 나누는 대화가 있다.

"아우師弟의 요즈음 견처見處는 어떠한가?"
"제가 갑자기 말하려니 말할 수가 없습니다."
그러고는 게송을 하나 바쳤다.

　　작년의 가난은 가난이 아니었고
　　금년의 가난이 비로소 가난이네.
　　작년에는 송곳 하나 꽂을 땅도 없더니
　　금년에는 송곳마저 없다네.

　　去年貧未是貧　　거년빈미시빈
　　今年貧始是貧　　금년빈시시빈
　　去年無卓錐之地　거년무탁추지지
　　今年錐也無　　　금년추야무

이때 앙산이 말했다.

"그대는 여래선만 얻었을 뿐 조사선은 얻지 못했네."

이 이야기로 보면 여래선이 조사선에 미치지 못한다는 뜻이 된다.

18장
거문고의 줄을 고르는 법 調絃之法

工夫는 如調絃之法하야 緊緩에 得其中이니
공 부   여 조 현 지 법   긴 완   득 기 중

勤則近執着하고 忘則落無明이니라 惺惺歷歷하고
근 즉 근 집 착   망 즉 낙 무 명   성 성 력 력

密密綿綿이니라
밀 밀 면 면

공부는 거문고의 줄을 고르는 것처럼 팽팽하거나 느슨함이 그 정도가 알맞아야 한다. 무리하게 애만 쓰면 집착하게 되고 잊어버리면 무명에 떨어진다. 정신이 또렷하고 환이 밝은 상태에서 꾸준히 이어져야 한다.

彈琴者曰, 緩急이 得中한 然後에사 淸音이 普矣라 하니 工夫도 亦
탄 금 자 왈   완 급   득 중   연 후   청 음   보 의   공 부   역

如此하야 急則動血囊하고 忘則入鬼窟이니 不徐不疾하야사 妙在其
여 차   급 즉 동 혈 낭   망 즉 입 귀 굴   불 서 부 질   묘 재 기

中이니라
중

거문고를 타는 자가 말하기를 "느슨하고 팽팽함이 정도에 알맞은 뒤에라야 맑은 소리가 난다" 하니 공부도 이와 같아 조급히 하면 혈기만 오르게 되고 잊어버리면 귀신의 굴에 들어가게 될 것이다. 느리게 해도 안 되며 서둘러 해도 안 되니 공부의 묘가 그 가운데 있다.

불교의 참 진리를 중도中道라고 말하는 경우가 있다. 중도란 상대적 대립을 떠난 것으로 일체를 부정하는 단견斷見이나 무조건 긍정하는 상견常見에 빠지지 않은 것으로 유有, 무無의 어느 쪽에도 치우치지 않는 것을 말한다. 대승불교가 일어나고 용수보살이 《중론中論》中觀論의 약칭을 지어 공관空觀을 통한 중도사상이 나왔다.
이 장에서는 공부 곧 수행도 극단에 치우지지 말고 중도를 취하여 해야 함을 밝히고 있다. 거문고를 다루는 이가 줄을 조절하는 것에 비유하여 근기에 알맞게 공부할 것을 권장하고 있다.

주

조현지법調絃之法의 경전 출처를 밝혀 보면 다음과 같은 이야기가 나온다. 먼저 《잡아함경》 9권에 들어 있는 〈이십억이경二十億耳經〉에 나오는 이야기를 보면 존자 이십억이팔리어로는 소나Sona이고 수루나로 표기된 곳도 있다가 기사굴산영축산에서 정진하다가 번뇌가 끊어지지 않음을 한탄하여 차라리 세속에 내려가 욕락을 누리면서 보시나 하여 복을 지어야겠다고 생각한다. 이때 부처님이 이십억이의 심중을 아시고 불러 말씀하신다.

"너는 거문고를 타 보았는가?"

"예!"

"어떤가? 거문고를 탈 적에 줄을 너무 조이면 맑고 부드러운 소리가 제대로 나는가?"

"아닙니다. 세존이시여."

"느슨하게 매면 맑고 부드러운 제소리가 나는가?"

"아닙니다. 세존이시여."

부처님이 이십억이에게 말씀하셨다.

"정진이 너무 조급하면 들뜸만 늘어나고 정진이 너무 느슨하면 게으름에 빠진다. 그러므로 너는 마땅히 평등하게 닦고 익히고 거두어 받아 집착하지도 말고 방일하지도 말며 모양을 취하지도 말라."

이에 이십억이가 기뻐하면서 예배하고 물러갔다.

이 조현지법의 이야기는 《사십이장경》에도 나온다.

19장
도가 높을수록 마군이 치성하다
道高魔盛

工夫가 到行不知行 坐不知坐하면 當此之時하야
공부 도행부지행 좌부지좌 당차지시

八萬四千魔軍이 在六根門頭伺候이라가
팔만사천마군 재육근문두사후

隨心生起하나니 心若不起하면 爭如之何리오
수심생기 심약불기 쟁여지하

공부가 걸어가면서도 걸어가는 줄 모르고 앉아 있으면서도 앉아 있는 줄 모르는 경지에 이르면 이때 8만 4천 마군들이 여섯 감관의 문에서 엿보고 있다가 마음을 따라 일어나게 된다. 그러나 만약 마음을 움직이지 않으면 마군이 어쩌지 못한다.

魔軍者는 樂生死之鬼名也요 八萬四千魔軍者는 乃衆生八萬四千
마 군 자   낙 생 사 지 귀 명 야   팔 만 사 천 마 군 자   내 중 생 팔 만 사 천

煩惱也이라 魔本無種이나 修行失念者가 遂派其源也이라 衆生은
번 뇌 야   마 본 무 종   수 행 실 념 자   수 파 기 원 야   중 생

順其境故로 順之하고 道人은 逆其境故로 逆之하나니 故로 云, 道高
순 기 경 고   순 지   도 인   역 기 경 고   역 지   고   운 도 고

魔盛也이라 하나라 禪定中에 或見孝子而斫股하며 或見猪子而把鼻
마 성 야   선 정 중   혹 견 효 자 이 작 고   혹 견 저 자 이 파 비

者는 亦自心起見하야 感此外魔也니라 心若不起則種種伎倆이 翻
자   역 자 심 기 견   감 차 외 마 야   심 약 불 기 즉 종 종 기 량   번

爲割水吹光也니라 古云, 壁隙風動이요 心隙魔侵이라 하나라
위 할 수 취 광 야   고 운 벽 극 풍 동   심 극 마 침

마군이란 생사를 좋아하는 귀신의 이름이고 팔만사천 마군이란 중생의 팔만사천 번뇌이다. 마魔는 본래 종자가 없으나 수행을 하다가 바른 생각을 놓치면 여기서 마가 싹트게 된다. 중생은 경계를 잘 따르므로 순조롭고, 도를 닦는 사람은 경계를 어기므로 마가 거역하는 것이다. 그렇기 때문에 "도가 높아지면 마가 치성하다" 하였다. 선정이 든 가운데서 혹 효자를 보고 다리를 찍었으며, 돼지를 보고 코를 비틀기도 한 것은 스스로의 마음에서 견해를 일으켜 이러한 마를 느끼게 되는 것이다. 만약 마음이 일어나지 않는다면 아무리 마군이 재주를 부리더라도 칼로 물을 베거나 빛을 불어버리는 것에 지나지 않을

것이다.
옛말에 "벽에 틈이 생기면 바람이 들어오고 마음에 틈이 생기면 마가 침입한다" 하였다.

도를 닦는 데에는 마군魔軍의 방해가 있다. 마군이란 악마의 군대라는 말인데 선정을 닦는 것을 방해한다. 범어 마라Māra를 번역하여 마魔라 한다. 부처님이 성도할 때에도 마군을 항복받았다 하여 팔상도八相圖에서는 성도 장면을 수하항마상樹下降魔相이라 하였다. 수행자가 도가 높아질수록 마경이 치성하다는 도고마성道高魔盛이라는 말은 백장회해百丈懷海 : 749~814 선사의 〈좌선의坐禪儀〉에 나오는 말이다. 마의 종류를 여러 가지로 구분해 말하기도 하지만 이러한 마는 결국 마음에 의해 일어나는 허황된 경계로 번뇌가 마가 되는 것일 뿐이다. 바른 생각을 놓칠 때 이런저런 마경이 나타나는 것이다. 물론 삼매 중에 숙세의 습기가 녹으면서 일어나는 여러 가지 마경이 있다. 《능엄경》에서는 오음이 녹아내릴 때 열 가지씩 오십 개의 마가 나타난다는 변마장辨魔章 이야기가 9~10권에 설해져 있다. 《대승기신론》에도 지관止觀을 닦을 때 나타나는 마경의 이야기가 설해져 있다. 선정을 닦는 공부가 이루어진 사람에게는 앉거나 서거나 하는 행동거지가 모두 선이라 했다. 영가스님은 《증도가》에서 '앉아 있는 것도 선이며 걸어가는 것도 선이라 어묵동정에 선 그대로 있다〔坐亦禪 行亦禪 語默動 靜體安然〕' 하였다.

'효자를 보고 다리를 찍었다〔見孝子而斫股〕'는 말은 옛날 어느 스님이 참선을 하고 있을 때 어떤 상주(喪主)가 송장을 메고 와 네가 왜 우리 어머니를 죽였느냐고 덤벼들기에 스님이 칼을 꺼내 그를 찔렀는데 나중에 보니 자기 다리를 찔러 피가 나고 있더라는 설화를 인용한 말이다. '돼지를 보고 코를 비틀었다〔見猪子而把鼻〕'는 것 역시 어떤 스님이 참선을 하던 중에 멧돼지가 나타나 덤벼들기에 멧돼지 코를 비틀며 소리를 질렀는데 정신을 차려보니 자기 코를 비틀며 소리를 지르고 있었다는 것이다.

20장
마군의 경계는 꿈과 같은 것 魔境夢事

起心은 是天魔요 不起心은 是陰魔요 或起或不起는
기 심   시 천 마   불 기 심   시 음 마   혹 기 혹 불 기

是煩惱魔니 然이나 我正法中엔 本無如是事니라
시 번 뇌 마   연   아 정 법 중   본 무 여 시 사

마음을 일으키는 것은 천마요 마음을 일으키지 않는 것은 음마
다. 혹 일으키거나 일으키지 않는 것은 번뇌마이다. 그렇지만 우
리 정법 가운데에는 본래 이런 일이 없다.

大抵忘機는 是佛道요 分別은 是魔境이라 然이나 魔境은 夢事이니
대 저 망 기   시 불 도   분 별   시 마 경   연   마 경   몽 사

何勞辨詰이리오
하 로 변 힐

무릇 마음이 움직이지 않는 것이 부처님의 도요, 분별이 일어나는 것은 마군의 경계이다. 그렇지만 마군의 경계도 꿈과 같은 일이니 더 이상 따질 게 없다.

마음에 망념이 생기는 데서 마군이 시작된다는 말로 정법 가운데는 이러한 마사가 없다 하였다. 물론 선정을 방해하는 외부의 마인 천마를 말하지만 마음이 무심하면 천마도 침입하지 못하므로 일체 마는 수도자의 마음에 따라 일어나게 된다. 망기忘機는 감관이 멈추어 분별이 일어나지 않는 무분별의 경지이다.

천마天魔는 욕계 제6천을 타화자재천他化自在天이라 하는데 이 천상의 임금 이름이 파순波旬으로 마왕이라고도 한다. 언제나 선정을 방해하는데 선정을 닦는 이가 있으면 파순의 궁전이 흔들리기 때문이다.
음마陰魔는 오음마五陰魔로 색色, 수受, 상想, 행行, 식識의 다섯 가지로 이루어진 육체와 정신이 생사에 집착하여 선정을 이루는 장애가 되므로 마라 한다. 번뇌마는 번뇌가 몸과 마음을 어지럽게 하므로 마라 한다.

21장
공부가 조금 되면 악업에
끌려가지 않는다 工夫打成一片 不爲惡業所牽

工夫가 若打成一片則, 縱今生에 透不得이라도
공 부 약 타 성 일 편 즉 종 금 생 투 부 득

眼光落地之時에 不爲惡業所牽이니라
안 광 낙 지 지 시 불 위 악 업 소 견

공부가 만약 어느 정도 되면 비록 금생에 뚫어내지 못하더라도 눈빛이 땅에 떨어질 때죽을 때 악업에 끌려가지는 않을 것이다.

———

業者는 無明也요 禪者는 般若也이라 明暗不相敵은 理固然也니라
업 자 무 명 야 선 자 반 야 야 명 암 불 상 적 이 고 연 야

———

업이란 무명이요 선은 지혜이다. 밝고 어두운 것이 서로 대적할 수 없는 것은 이치가 진실로 당연한 것이다.

선 수행으로 공부가 어느 정도 되면 금생을 마치고 죽을 때에 악업에 끌려 악도에 떨어지지 않는다는 공부의 효용과 이익을 설한 대목이다. 선을 '반야'라 하여 밝은 등불이 어둠을 물리치는 것처럼 선을 닦아 중생의 무명을 물리친다는 것이다. 눈빛이 땅에 떨어진다는 것은 임종 시를 뜻하는 말이다.

업業은 범어 까르마karma를 번역한 말로 중생의 모든 행위를 얘기한다. 이 업이 깨닫지 못한 불각不覺 곧 무명에서 시작된다 하여 무명업이라고 붙여 쓰기도 한다. 마음이 움직여 동작이 일어나는 것을 뜻하는 말로 신체적 행위를 신업身業, 말을 하는 것을 구업口業, 생각도 행위로 보아 의업意業이라 하고 또 도덕적으로 선악으로 구분하여 선업善業 악업惡業이라 하며, 선도 악도 아닌 무기업無記業을 말하기도 한다.
반야般若는 범어 프라즈나prajña를 음사한 말로 사물의 이치를 깊이 통달한 지혜를 뜻하는 말이다. 중생의 고통 원인이 무지인 반면 이 무지를 벗어난 밝은 마음이 지혜라 할 수 있다. 따라서 선이 반야라 한 것은 무명의 반대인 밝음이라는 뜻이다.

22장
참선하는 사람이 알고 있는가?
參禪者 還知?

大抵參禪者는 還知四恩이 深厚麼아?
대 저 참 선 자   환 지 사 은   심 후 마

還知四大醜身이 念念衰朽麼가?
환 지 사 대 추 신   염 념 쇠 후 마

還知人命이 在呼吸麼가? 生來値遇佛祖麼아?
환 지 인 명   재 호 흡 마   생 래 치 우 불 조 마

及聞無上法하야 生希有心麼아? 不離僧堂하야
급 문 무 상 법   생 희 유 심 마   불 리 승 당

守節麼아? 不與鄰單으로 雜話麼아?
수 절 마   불 여 인 단   잡 화 마

切忌鼓肩是非麼아? 話頭가 十二時中에
절 기 고 견 시 비 마   화 두   십 이 시 중

明明不昧麼아? 對人接話時에 無間斷麼아?
명 명 불 매 마   대 인 접 화 시   무 간 단 마

見聞覺知時에 打成一片麼아? 返觀自己하야
견 문 각 지 시   타 성 일 편 마   반 관 자 기

捉敗佛祖麼아? 今生에 決定續佛慧命아?
착 패 불 조 마　　금 생　결 정 속 불 혜 명

麼起坐便宜時에 還思地獄苦麼아?
마 기 좌 편 의 시　　환 사 지 옥 고 마

此一報身이 定脫輪廻麼아? 當八風境하야
차 일 보 신　 정 탈 윤 회 마　　당 팔 풍 경

心不動麼아? 此是參禪人의 日用中 點檢底道理니
심 부 동 마　　차 시 참 선 인　　일 용 중 점 검 저 도 리

古人云, 此身不向今生度하면
고 인 운　차 신 불 향 금 생 도

更待何生度此身이리오 하니라
갱 대 하 생 도 차 신

무릇 참선을 하는 사람은 네 가지 은혜가 깊고 두터운 줄 알고 있는가? 네 가지 원소로 된 추한 몸이 생각마다 노쇠해 썩어가고 있는 줄 아는가? 사람의 목숨이 호흡에 있는 줄 아는가? 태어나서 부처님과 조사들을 만났는가? 그리고 위없는 법을 듣고 희유하다는 마음을 내는가? 승당을 떠나지 않고 절개를 지키는가? 곁에 있는 사람과 잡담이나 하고 있지 않은가? 어깨를 두드리며 시비를 일삼지 아니한가? 화두가 어느 때나 어둡지 않게 잘 들리는가? 사람을 대하여 이야기를 나눌 때에 화두가 끊어짐이 없는가? 보고 듣고 느끼고 아는 경계를 대할 때에도 화두는 그대로 제 몫을 하는가? 돌이켜 자기를 관하매 조사에게 붙잡히어 들통이 나

는가? 금생에 반드시 부처님의 혜명을 이을 수 있는가? 일어나거나 앉아 편할 때에 지옥의 고통을 생각하는가? 이 한 몸의 육신이 반드시 윤회를 벗어날 수 있겠는가? 여덟 가지 바람이 불어올 때도 마음이 움직이지 않는가? 이것이 바로 참선하는 사람이 일상생활 속에서 점검해야 할 도리이다.
옛 사람이 말했다.
"이 몸을 금생에 제도하지 못하면 다시 어느 생을 기다려 이 몸을 제도하리오."

四恩者는 父母君師施主恩也요 四大醜身者는 父之精一滴과 母之
사은자   부모군사시주은야   사대추신자   부지정일적   모지

血一滴者니 水大之濕也요 精爲骨血爲皮者는 地大之堅也요 精血
혈일적자   수대지습야   정위골혈위피자   지대지견야   정혈

一塊不腐不爛者는 火大之暖也요 鼻孔先成하야 通出入息者는 風
일괴불부불란자   화대지난야   비공선성   통출입식자   풍

大之動也이라 阿難曰, 欲氣麤濁하야 腥臊交遘라 하니 此所以醜身
대지동야   아난왈 욕기추탁   성조교구   차소이추신

也이라 念念衰朽者는 頭上光陰이 刹那不停하니 面自皺而髮自白이
야   염념쇠후자   두상광음   찰나부정   면자추이발자백

라 如云, 今旣不如昔이라 後當不如今이니 此無常之體也이라 然이
   여운 금기불여석   후당불여금   차무상지체야   연

나 無常之鬼가 以殺爲戱하야 實念念可畏也이라 呼者는 出息之火
　　무 상 지 귀　　　이 살 위 희　　　실 염 념 가 외 야　　　　호 자　　출 식 지 화

也요 吸者는 入息之風也이라 人命寄托이 只在出入息也이라 八風
야　　흡 자　　입 식 지 풍 야　　　인 명 기 탁　　지 재 출 입 식 야　　　　팔 풍

者는 順逆二境也요 地獄苦者는 人間六十劫이 泥犂一晝夜니 鑊湯
자　　순 역 이 경 야　　지 옥 고 자　　인 간 육 십 겁　　　니 리 일 주 야　　확 탕

爐炭과 劍樹刀山之苦를 口不可形言也이라 人身難得이 甚於海中
노 탄　　검 수 도 산 지 고　　구 불 가 형 언 야　　　인 신 난 득　　심 어 해 중

之鍼故로 於此에 慜而警之하노라
지 침 고　　어 차　　민 이 경 지

네 가지 은혜란 부모·나라·스승·시주의 은혜이다. 네 가지 요소로 된 추한 몸이란 이러하다. 몸의 근원인 아버지의 정수 한 방울과 어머니의 피 한 방울은 물의 젖은 기운이고 정기가 뼈가 되고 피가 살갗이 된 것은 땅의 단단한 기운이며, 정기와 피의 한 덩어리가 썩지 않고 녹아버리지도 않는 것은 불의 요소로써 따뜻한 기운이며, 콧구멍이 먼저 뚫려 숨을 들이마시고 내쉬는 것은 바람 기운의 움직임이다.

아난이 "욕망의 기운은 거칠고 혼탁해서 비린내가 얽혀진 것이다" 했으니 이 말이 추한 몸을 두고 한 말이다. 생각마다 노쇠해 썩어간다는 것은 세월이 찰나에도 머물지 않아 얼굴이 주름지고 머리털이 절로 희어진다는 것이다. 흔히 말하기를 지금이 이미 옛적과 같지 않고 뒷날이 되면 또 지금과 같지 않을 것이라 했으니 이것은 무상자제를 두고 한 말이다. 덧없는 무상의 귀신이 죽이는 것으로써 장난을

치고 있으니 실로 생각마다 두려울 뿐이다. 호흡의 호呼는 숨을 내쉬는 불기운이고 흡吸은 들이시는 바람 기운이다. 사람의 목숨이 단지 숨 들이시고 내쉬는 데 붙어 있다.

여덟 가지 바람이란 마음에 들고 거슬리는 두 가지의 경계이다. 지옥의 고통은 인간의 60겁이 지옥의 하루인데 펄펄 끓는 가마솥의 쇳물과 시뻘건 숯이 타는 화로, 칼산의 창숲에서 당하는 고통은 입으로 다 말할 수가 없다. 사람의 몸으로 태어나기 어려운 것이 바다에 떨어진 바늘을 찾는 것보다 어렵기 때문에 여기서 불쌍히 여겨 경책한 것이다.

上來法語는 如人飮水에 冷暖自知라 聰明이 不能敵業이요 乾慧가
상 래 법 어　여 인 음 수　　냉 난 자 지　총 명　　불 능 적 업　　　간 혜

未免苦輪이니 各須察念하야 勿以自謾이어다
미 면 고 륜　　각 수 찰 념　　　물 이 자 만

위에 말한 법어는 사람이 물을 마심에 차고 뜨거움을 스스로 아는 것과 같다. 총명이 업을 대적하지 못하고 메마른 지혜가 고통의 바다에 윤회하는 것을 면하게 할 수 없으니 각각 모름지기 살펴 생각해서 자만해서는 안 된다.

참선하는 자가 알아야 될 것에 먼저 네 가지 은혜부터 말했다. 그리고 무상을 깨달아 끝에 가서 생사윤회를 벗어나야 한다고 했다. 선 수행에 '깨달음으로써 법칙을 삼는다[以悟爲則]' 는 말이 있다. 화두를 꾸준히 들어 의단을 타파하여 성품을 보는 것이 선의 목적이고 이를 성취하는 것이 생사의 업을 이기고 해탈하여 업에 끌려가지 않는 것이다. 금생에 이 몸을 제도하고자 하는 게송은 장엄염불에 나오는 4구송으로 '삼계유여급정륜 백천만겁역미진 차신불향금생도 갱대하생도차신 三界猶如汲井輪 百千萬劫歷微塵 此身不向今生度 更待何生度此身' 이다. 중생이 윤회하는 욕계 · 색계 · 무색계에 오르내리는 것이 옛날 우물에 물을 긷는 두레박이 오르내리는 것 같이 백천만겁을 미진수만큼 지내왔다는 것이다. 그렇게 수없는 윤회 속에 지내온 이 몸을 금생에 기필코 윤회의 바다에서 건져내야겠다는 것이다. 한 번 사람 몸을 잃어버리면 다시 얻기 어렵다는 것을 강조하고 평소에 자기 공부를 잘 점검해 가야 한다고 하였다.

"욕망의 기운은 거칠고 혼탁해서 비린내가 얽힌 것이다" 라는 아난의 말은 《능엄경》 1권에 나온다.

네 가지 은혜[四恩]란 부모, 국왕, 중생, 삼보의 은혜를 말하며 출가자의 경우 부모, 스승, 국왕, 시주의 은혜를 말한다.
사대四大란 우주 만유를 구성하는 네 가지 원소인 지地, 수水, 화火,

풍風으로 현대 과학에서 쓰는 원소 기호로 말하자면 질소N, 수소H, 탄소C, 산소O이다. 고대 중국에서 말해온 금金, 목木, 수水, 토土, 화火의 오행설과 비슷하다.

팔풍八風은 사람의 마음을 흔들어 놓는 여덟 가지 바람이라는 뜻으로 이利, 쇠衰, 훼毁, 예譽, 칭稱, 기譏, 고苦, 락樂이다. 이는 내게 이익이 되는 것, 쇠는 내게 손실이 되는 것, 훼는 내 명예가 훼손되는 것, 예는 내게 명예가 오는 것, 칭은 나를 칭찬하는 것, 기는 나를 비방하고 헐뜯는 것, 고는 나를 괴롭히는 것, 락은 나를 즐겁게 하는 것이다.

간혜乾慧는 메마른 지혜라는 뜻인데 선정을 닦아 얻은 지혜가 아닌 식심분별에 의한 지식을 선정禪定의 물에 적시지 않았다는 뜻에서 간혜라 한다. 이러한 단계에 머물러 있는 것을 간혜지乾慧地라 한다.

23장
말과 행동이 어긋나면 허실을 알 수 있다 言行相違 虛實可辨

學語之輩ㅣ 說時似悟나 對境還迷니
학 어 지 배 설 시 사 오 대 경 환 미

所謂言行이 相違者也니라
소 위 언 행 상 위 자 야

말만 배우는 무리들은 말을 할 때에는 깨달은 것 같으나 경계를 대하면 도리어 미혹하니 이는 말과 행동이 서로 다른 것이다.

此는 結上自謾之意이라 言行이 相違에 虛實을 可辨이니라
차   결 상 자 만 지 의   언 행   상 위   허 실   가 변

이것은 위에서 말한 스스로 속인다는 뜻을 맺는 말이다. 언행이 서로 어긋나면 공부의 허실을 알 수 있다.

선은 실제적으로 참구하는 실참實參을 통해서 터득된다. 다시 말해 선정을 이루어야 선이 된다는 말이다. 화두를 제대로 참구하지 않고 지해知解를 가지고 말로 이러쿵저러쿵 하는 것을 구두선口頭禪이라 한다. 구두선은 올바른 선이 될 수 없다. 일반적으로 선을 말할 때 '말 있는 곳에서 말 없는 곳으로 가는 것'이라 한다.

말과 행이 서로 어긋난다는 것은 언행일치가 안 된다는 것으로 중국의 순자나 왕양명 등이 주장한 지행합일설知行合一說과 같이 언행이 일치되어야 한다는 뜻이다. 순자는 말이 행을 돌아보지 아니하고 행이 말을 돌아보지 않는 것은 군자의 행이 아니라 하였다〔言不顧行 行不顧言 非君子行〕.

24장
한 생각을 터뜨려야 ─一念子 爆地一破

若欲敵生死인댄 須得這一念子를
약 욕 적 생 사　　수 득 자 일 념 자

爆地一破하야사 方了得生死니라
폭 지 일 파　　　방 요 득 생 사

만약 생사를 대적하고자 하려면 모름지기 이 화두에 모아진 한 생각을 탁 하고 터뜨려야 바야흐로 생사를 마친다.

爆地는 打破漆桶聲이라 打破漆桶然後에 生死可敵也이라 諸佛因
폭 지　　타 파 칠 통 성　　　타 파 칠 통 연 후　　생 사 가 적 야　　　제 불 인

地法行者가 只此而已이라
지 법 행 자　　지 차 이 이

탁 하는 것은 시커먼 통을 부수는 소리다. 시커먼 통을 부순 연후에야 생사를 대적할 수 있다. 모든 부처님들이 인지에서 법을 수행하던 것이 단지 이것이었을 뿐이다.

일념자一念子란 화두에 모아진 한 생각 덩어리란 뜻이다. 이것을 터뜨리는 것이 화두 타파이다. 마치 수류탄 따위가 폭발하듯이 터뜨려진다는 것이다. 옛 사람의 송에 "외로운 달이 홀로 고요히 강산을 비추는데 스스로 웃는 한 소리에 천지가 놀란다〔孤輪獨照江山靜 自笑一聲天地驚〕" 하였다. 내 웃음소리에 천지가 놀란다는 것은 마음속에 무언가 깨달은 소식이 터져 나와 천지를 놀라게 했다는 것이다. 생사를 대적한다는 것은 생사의 업에 끌려가지 않고 그 업력을 끊어 물리친다는 말이다. 대혜종고 선사의 《서장書狀》에는 염라대왕 앞에 끌려가 업의 심판을 받지 않는다는 말이 있다. 이것도 생사를 대적한다는 말이다.

칠통漆桶이란 옻을 담아 놓은 통인데 옻의 색깔이 검으므로 중생의 과거세부터의 무명번뇌가 쌓여 있는 것을 비유해 쓰는 말이다. 무명번뇌에 의해 불성이 숨어 밝게 드러나지 않는 것을 칠통이라 한 것이다.

25장
눈 밝은 스승을 찾아
공부를 점검 받을 것 須訪明師 決擇正眼

然이나 一念子를 爆地一破然後에 須訪明師하야
연   일념자   폭지일파연후   수방명사

決擇正眼이니라
결 택 정 안

그리고 이 한 생각 덩어리를 탁 하고 한 번 터뜨린 연후에 모름지기 밝은 스승을 찾아가서 바른 눈인가를 결택 받아야 한다.

———

此事는 極不容易하니 須生懺悔하야사 始得다 道如大海하야 轉入轉
차사   극불용이   수생참회   시득   도여대해   전입전

深하니 愼勿得少爲足하라 悟後에 若不見人則하면 醍醐上味가 翻
심   신물득소위족   오후   약불견인즉   제호상미   번

成毒藥하리이라
성 독 약

이 일은 결코 쉬운 일이 아니다. 모름지기 참회를 해야 할 일이다. 도는 큰 바다와 같아서 들어갈수록 더욱 깊어진다. 조금 얻고서 만족해서는 안 된다. 깨달은 후에 만약 밝은 스승을 만나지 못하면 제호 같은 좋은 맛이 도리어 독약이 되는 수가 있다.

화두를 타파한 후에 눈 밝은 스승을 찾아가 자신의 공부를 점검 받아야 한다는 점을 강조하였다. 소위 인가印可를 받아야 한다는 말이다. 선종에서 역대로 사자상승師資相承하여 법을 전해온 데에는 제자가 스승에게 인가를 받아 법맥이 이어지게 되었다. 선에서 뿐만 아니라 교에서는 강맥講脈이 있고 율에서는 율맥律脈이 있다. 만약 정안을 갖추지 못하고 사견에 의해 깨달은 양 하는 사람이 있다면 이는 용납할 수 없는 일로 반드시 참회를 해야 할 일이다.

제호醍醐는 우유를 정제精製해서 만든 최상의 식품이다. 우유를 끓여 만든 것을 낙酪이라 하고 낙이 엉켜 만들어진 것을 생소生酥라 하며 이것을 다시 끓이면 숙소熟酥가 된다. 이 숙소를 다시 정제하여 만든 것이 제호이다.

26장
눈 바른 것을 귀하게 여길 뿐 只貴正眼

古德 云하되 只貴子眼正이요 不貴汝行履處니라
고 덕 운   지 귀 자 안 정   불 귀 여 행 리 처

옛 어른이 말씀하셨다.
"단지 자네의 눈 바른 것을 귀히 여길 뿐 그대의 살아온 이력을 귀히 여기지 않노라."

昔에 仰山이 答潙山問云, 涅槃經 四十券이 總是魔說이니라 하니
석   앙 산   답 위 산 문 운   열 반 경 사 십 권   총 시 마 설

此가 仰山之正眼也이라 仰山이 又問行履處한데 潙山이 答曰 只貴
차   앙 산 지 정 안 야   앙 산   우 문 행 리 처   위 산   답 왈 지 귀

子眼正云云하니 此所以先開正眼而後에 說行履也이라 故로 云, 若
자 안 정 운 운   차 소 이 선 개 정 안 이 후   설 행 리 야   고   운 약

欲修行인댄 先須頓悟이라 하니라
욕 수 행   선 수 돈 오

옛적에 앙산이 위산의 물음에 대답하기를
"열반경 40권이 모두 마구니의 말입니다"라고 했다. 이렇게 말한 것이 앙산의 바른 눈이다. 앙산이 또 지나온 자취의 이력을 물으매 위산이 대답했다.
"단지 그대의 눈 바른 것을 귀히 여길 뿐이네."
이것이 바로 먼저 바른 눈을 뜬 뒤에 이력을 말하는 까닭이다. 그러므로 말했다.
"수행을 하려면 먼저 단박에 깨닫는 공부를 해야 한다."

정안正眼이란 부처님의 법을 바로 보는 눈이란 말이지만 마음이 부처라는 것을 단박에 깨닫는 돈오의 뜻을 강조하면서 쓴 말이다. 다시 말해 불성을 바로 보는 것을 정안이라 한다. 불생불멸하는 진여가 우리 마음의 근본 본성이다. 이 성품 자리를 바로 보는 것이 선의 목표이며 이 목표를 달성해야 정안을 얻는다. 이것이 바로 견성성불見性成佛의 대의다.
《대승기신론》에서는 중생의 마음이 법이라 했다. 중생의 마음이 세간과 출세간의 모든 법을 거둬들이니 이 마음에 의해 대승의 뜻을 보인다 하였다.〔所言法者 謂衆生心 是心卽攝一切世間出世間法 依於此心 顯示摩訶衍

義〕. 이는 선에서 말하는 즉심즉불卽心卽佛의 대의를 풀이해 밝혀 둔 말이다.

행리처란 수행한 경력, 곧 이력을 두고 한 말인데 어떻게 공부해 왔느냐가 중요한 것이 아니라 정안을 얻었느냐 얻지 못했느냐가 중요하다는 말이다.

《열반경》의 말을 마구니 말이라 한 것은 '바로 사람 마음을 가리켜 성품을 보아 부처를 이룬다〔直指人心〕' 는 선의 실참實參 공부에서 본다면 경전의 말은 알음알이를 조장하여 실참을 방해하는 수가 있기 때문이다.

위산과 앙산은 위앙종을 창종한 사람으로 스승과 제자 사이다. 위산의 법명은 영우靈祐로 백장百丈의 법을 이었다. 한번은 위산이 백장의 방에 법을 물으러 들어갔다. 마침 방 안에 있는 화롯가에 앉아 말을 나누던 중 화로가 식어 겉으로 재만 가득 담겨 있었다. 백장스님이 이를 보고 불이 있느냐고 물었다. 위산은 재를 뒤져 불씨를 찾았으나 보이지 않았다. 그래서 불이 없다고 대답을 했다. 이때 백장스님이 직접 뒤져 불씨를 하나 찾아내고는 "이게 불이 아니고 무엇이냐?" 하자 이 말 끝에 깨달음을 얻었다고 전해진다.

그 후 호남성湖南省 담주潭州 장사부長沙府에 있는 대위산大潙山에 절을 짓고 40여 년간 법을 펴면서 종풍을 드날렸다. 대위산을 줄여 위산이라 하며, 상공相公 배휴裵休가 스님을 찾아와 선지禪旨를 물은 뒤로 이

곳이 널리 소문이 나 천오백여 명의 대중이 모여 정진하였다. 뒤에 배휴가 임금께 상주하여 이 산에 밀인사密印寺를 지었고 배휴의 묘가 이 산에 있다. 영우선사는 법랍 64세 세수 85세에 입적하였다. 법을 이은 제자가 41명이었고 앙산仰山, 향엄香嚴, 영운靈雲 등이 뛰어났다.
앙산은 법명이 혜적으로 출가할 적에 부모가 반대하여 손가락을 두 개 자르고 17세에 출가했다. 위산에게 참부처가 있는 곳을 물었더니 "생각이 다하여 근원에 돌아가면 둘이 없는 곳에 부처가 있다"는 말을 듣고 깨달았다. 그 후 강서성江西省 대앙산大仰山에서 교화하였다. 그의 제자 가운데 우리나라 신라 때의 순지順支선사가 있다. 위산과 앙산의 이름을 따 위앙종이란 선종의 한 파가 생겼다.
《열반경》은 원 이름이 《대반열반경大般涅槃經》으로 부처님의 마지막 설법을 수록한 경이다. 《소승열반경》과 《대승열반경》이 있다. 한역본이 다섯 가지가 있으나 담무참曇無讖이 번역한 북본北本과 혜엄慧嚴과 혜관慧觀이 거사 사영운謝靈運과 함께 북본을 보완 번역한 남본南本이 대표적이다.
소승경으로 간주되는 《남전南傳열반경》은 주로 부처님의 생애를 역사적으로 기록, 입멸 전후의 유행, 발병, 춘다의 마지막 공양, 부처님의 유훈, 사리배분 등이 설해져 있는 반면 《대승열반경》은 불신상주설佛身常住說, 상·락·아·정常·樂·我·淨의 열반4덕 그리고 일체중생실유불성一切衆生悉有佛性 등 대승의 중요 교리를 설하고 있다.

27장
비굴해지지도 말고 뽐내지도 말라
不自屈 不自高

願諸道者는 深信自心이요 不自屈不自高어다
원제도자　심신자심　　부자굴부자고

원컨대 도를 닦는 자들은 자기의 마음을 깊이 믿을 뿐이요, 스스로 비굴해지거나 뽐내서는 안 된다.

此心이 平等하야 本無凡聖이라 然이나 約人하야 有迷悟凡聖也이라
차 심　평 등　　본무범성　　　연　　약 인　　유미오범성야

因師激發하야 忽悟眞我가 與佛無殊者는 頓也니 此는 所以不自屈
인사격발　　홀오진아　여불무수자　　돈야　차　소이부자굴

이라 如云 本來無一物也이라 因悟斷習하야 轉凡成聖者는 漸也이라
　　　여운　본래무일물야　　인오단습　　전범성성자　　점야

此는 所以不自高이라 如云 時時勤拂拭也이라 屈者는 敎學者病也
차   소이부자고   여운 시시근불식야   굴자   교학자병야

요 高者는 禪學者病也이라 敎學者는 不信禪門에 有悟入之秘訣하
   고자   선학자병야   교학자   불신선문   유오입지비결

고 深滯權敎하야 別執眞妄하야 不修觀行하고 數他珍寶故로 自生
   심체권교   별집진망   불수관행   수타진보고   자생

退屈也요 禪學者는 不信敎門에 有修斷之正路하고 染習이 雖起나
뇌굴야   선학자   불신교문   유수단지정로   염습   수기

不生慙愧하고 果級이 雖初나 多有法慢故로 發言이 過高也이라 是
불생참괴   과급   수초   다유법만고   발언   과고야   시

故로 得意修心者는 不自屈不自高也니라
고   득의수심자   부자굴부자고야

이 마음은 평등해서 본래 범부나 성인이 없다. 그러나 사람을 놓고 볼 때는 미혹한 이와 깨달은 이, 곧 범부와 성인의 차별이 있다. 스승이 격려하고 분발케 하여 홀연히 참 나가 부처와 더불어 다름이 없음을 깨닫는 것이 단박에 깨닫는 것이니 이것이 바로 스스로 비굴해지지 않는 것이다. '본래 아무것도 없다' 고 한 말이 이를 두고 한 말이다.
깨달음으로 습기를 끊어서 범부를 바꾸어 성인이 되게 하는 것은 점차적으로 차근차근 하는 것이다. 이것을 두고 뽐내지 말아야 한다고 한다. 말하자면 때때로 부지런히 털고 닦아야 한다는 것이다.
비굴해지는 것은 교를 배우는 사람들의 병이고 뽐내는 것은 선을 배우는 사람들의 병이다. 교를 배우는 사람들은 선문에 깨달아 들어가

는 비결이 있다는 것을 믿지 아니하고 깊이 방편의 가르침에만 빠져서 달리 진실과 허망에 집착해서 관행을 닦지 않고 남의 보배만 헤아리기 때문에 스스로 물러나고 만다. 선을 배우는 사람들은 교문에 닦아 끊는 바른 길이 있는 것을 믿지 않고, 물든 생각의 좋지 않은 버릇이 일어나더라도 부끄러워할 줄 모른다. 공부의 경지가 초보의 단계이면서도 법에 대한 오만을 가지고 있으므로 말하는 것이 지나치게 뽐내기만 한다. 이렇기 때문에 옳은 생각으로 마음을 닦는 자는 스스로 비굴해지거나 뽐내어서는 안 된다.

評曰 不自屈不自高者는 略擧初心의 因該果海則雖信之一位也나
평 왈 부 자 굴 부 자 고 자   약 거 초 심   인 해 과 해 즉 수 신 지 일 위 야

廣擧菩薩의 果徹因源則五十五位也니라
광 거 보 살   과 철 인 원 즉 오 십 오 위 야

―――

평하여 말하면, 스스로 비굴해지지도 않고 스스로 뽐내지도 않는다는 것은 간략히 처음 발심의 단계에서 원인이 되는 수행이 깨달음을 얻는 결과를 갖고 있음을 들어 말한다면 비록 믿는 지위 하나뿐이지만 널리 보살들의 수행의 결과가 원인이 되는 수행을 갖춘 점을 든다면 곧 55단계의 지위가 있다.

선에서의 믿음은 자신의 마음을 믿는 것이다. 내 마음이 곧 부처라는 사실 이것이 핵심이다. 내 마음을 떠나 다른 것을 믿는다면 자신은 약한 존재가 되고 비굴해지는 것이다. 그렇다고 지나친 오만으로 과대망상에 사로잡혀서도 안 된다. 그렇기 때문에 비굴해지지도 말고 뽐내지도 말라 했다. 이 말은 공부가 쉬운 것도 아니고 어려운 것도 아니라는 말이다.

부처와 중생이 그 마음에 있어서는 똑같다. 조금도 차이가 없기 때문에 평등한 점에서 보면 차별이 없으므로 부처도 중생도 없는 것이다. 단박에 깨칠 수 있다는 돈오사상이 본래 아무것도 없다는 무無의 정신이라면 점점 닦아 나가 나중에 부처가 된다는 것은 유有의 정신이라 할 수 있다. 선은 무에 치우치기 쉽고 교는 유에 치우치기 쉽다. 무에 치우칠 때는 뽐내기 쉽고 유에 치우칠 때는 자신의 능력을 스스로 과소평가 비굴해지기 쉬운 것이다. 선은 본래 "한 번 뛰어넘어 바로 여래의 지위에 이른다〔一超直入如來地〕"라 하여 굳이 수행의 지위 점차를 염두에 두지 않는다.

본래무일물本來無一物은 《육조단경》에 나오는 말로 육조六祖 혜능慧能 스님이 행자 때 방앗간에서 일을 하던 중 지은 게송이다. 이 구절은 본래 '불성상청정佛性常淸淨'이었는데 후대에 '본래무일물'로 바뀌어졌다 한다.

보리는 본래 나무가 아니요
거울 또한 거울이 아니네.
본래 아무 것도 없었으니
어느 곳에 먼지 일어나리오.

菩提本無樹　　보리본무수
明鏡亦非臺　　명경역비대
本來無一物　　본래무일물
何處惹塵埃　　하처야진애

이는 신수神秀대사의 송을 반박한 내용이다. 신수가 오조五祖 홍인弘忍의 명에 따라 먼저 게송을 지어 복도에 붙였다.

몸은 보리수요
마음은 거울과 같은 것
언제나 부지런히 털고 닦아서
먼지가 일어나지 않도록 해야 하네.

身是菩提樹　　신시보리수
心如明鏡臺　　심여명경대
時時勤拂拭　　시시근불식
勿使惹塵埃　　물사야진애

이 신수의 게송을 방앗간에서 전해들은 노행자 육조가 다시 이 게송에 이어 붙여 결국 오조의 법을 전해 받고 육대조사六代祖師가 되었다. 다만 본래무일물이란 육조 게송의 3구는 《육조단경》 돈황본에는 '불성은 항상 청정하다[佛性常淸淨]'로 되어 있다.

권교權敎는 방편으로 설해 놓은 경전의 가르침을 두고 한 말이다. 실교實敎의 반대말로 근기나 상황에 따라 법의 차별을 설해 놓았다는 뜻에서 방편설이라 한다.

인이 과의 바다를 묶고 과가 인의 근원을 사무친다[因該果海 果徹因源]는 말은 청량국사의 《화엄현담》에 나오는 말로 인지因地에 이미 과각果覺이 갖추어져 있다는 뜻으로 처음 발심할 때 바로 정각을 이룬다[初發心時便正覺]는 말과 같은 것이다. 그런가 하면 정각을 이룬 경지에서 보면 인행因行시의 모든 수행을 단계적인 지위에 따라 해 온 것이 과위를 이루었으므로 과위는 인의 근원을 사무쳐 있는 것이 된다.

오십오위五十五位는 수행의 지위를 나누어 말한 것으로 경전에 따라 53위 혹은 57위 60위까지 나누기도 한다. 범부의 지위인 십신十信위와 현인의 지위인 십주十住, 십행十行, 십회향十回向위 그리고 성인의 지위인 십지十地의 오십위에 등각等覺, 묘각妙覺을 더하여 52위라 하고 십회향에서 십지에 오를 때 네 가지의 지위 4가행四加行을 더하고 등각 · 묘각의 불지를 하나로 하면 모두 55위가 된다.

28장
미혹한 마음으로 닦으면 무명만 도울 뿐이다 迷心修道 但助無明

迷心修道는 但助無明이니라
미 심 수 도   단 조 무 명

미혹한 마음으로 도를 닦는 것은 단지 무명을 도울 뿐이다.

悟若未徹인댄 修豈稱眞哉리오 悟修之義는 如膏明이 相賴하며 目
오 약 미 철   수 기 칭 진 재   오 수 지 의   여 고 명   상 뢰   목

足이 相資니라
족   상 자

깨달음이 철저하지 못하면 닦은들 참된 깨달음이 될 수 없다. 깨닫고 닦는다는 것은 기름이 있어야 등불이 밝으며 눈과 발이 서로 돕는 것과 같다.

먼저 깨달은 다음 수행이 시작된다는 돈오頓悟를 강조해 놓은 대목이다. 돈오가 선행되지 않는 수행은 무명만 도와줄 뿐이라 하여 깨닫지 못하고는 수행할 수 없다는 것이다. 비유로 말한 고명상뢰 목족상자膏明相賴 目足相資는 기름이 있어야 등불이 켜질 수 있다는 것이며, 눈이 목표물을 보지 못하면 발이 움직여 목표물이 있는 곳으로 바르게 갈 수 없다는 말이다.

무명은 깨닫지 못한 불각의 상태를 일컫는 말로 범어 아비드야Avidyā가 어원이다. 일반적으로 어리석은 무지의 상태를 뜻하는 말로 쓰이나 중생의 생사윤회와 일체 번뇌가 이 무명에 의하여 일어난다고 하며 《기신론》에서는 여실히 진여가 하나임을 알지 못하기 때문에 미혹의 마음이 일어나는 것이라 하였다.

29장

달리 성인이라는 견해가 없다
別無聖解

修行之要는 但盡凡情이니 別無聖解니라
수 행 지 요   단 진 범 정   별 무 성 해

수행에서 중요한 것은 다만 범부의 번뇌가 없어지면 그만이요, 달리 성인이라는 견해가 없다.

病盡藥除하면 還是本人이니라
병 진 약 제   환 시 본 인

병이 나아 더 이상 약을 쓰지 않으면 본래의 건강한 사람으로 돌아간다.

광석에서 잡순물을 제거하면 순금이 되듯이 범부의 번뇌가 없어지면 부처가 될 뿐 달리 범부를 떠난 부처가 있을 수 없다.

30장
중생의 마음을 버리려 하지 말라
不用捨衆生心

不用捨衆生心이요 但莫染汚自性하이라
불 용 사 중 생 심   단 막 염 오 자 성

求正法이 是邪니라
구 정 법   시 사

중생의 마음을 버리려 하지 말고 다만 제 성품을 더럽히지 말라.
바른 법을 구하려는 것이 이미 그릇된 것이다.

———

捨者求者가 皆是染汚也이라
사 자 구 자   개 시 염 오 야

———

버리려는 것이나 구하려는 것이 모두 더럽히는 것이다.

참선은 중생의 마음에 망념을 가라앉게 하는 것이다. 생각이 일어나는 것이 제 성품을 더럽히는 것이다. 대혜종고 선사는 선을 할 적에 마음을 일으키거나 생각을 움직이면〔起心動念〕안 된다 하였다. 버리려 하고 구하려 하는 취사선택取捨選擇이 있으면 결국 망념이 더욱 치성해지는 것이다. 3조 승찬僧璨스님의 《신심명信心銘》첫 구절에 "지극한 도는 어렵지 않다. 오직 분별하여 간택하는 것이 금기일 뿐이다. 좋아하고 싫어하는 감정을 벗어나면 툭 트여 환히 밝으리라〔至道無難 唯嫌揀擇 但莫憎愛 洞然明白〕"하였다.

31장
번뇌가 생기지 않는 것이 대열반이다
煩惱不生 名大涅槃

斷煩惱는 名二乘이요 煩惱不生이 名大涅槃이니라
단 번 뇌　　명 이 승　　　번 뇌 불 생　　명 대 열 반

번뇌를 끊는 것은 이승二乘들이요, 번뇌가 생기지 않는 것이 대열반이다.

斷者는 能所也요 不生者는 無能所也니라
단 자　능 소 야　　불 생 자　　무 능 소 야

끊는다는 것은 주체[能]와 객체[所]가 있어서요, 생기지 않는다는 것은 주체와 객체가 없기 때문이다.

선은 대승불교의 한 전통이다. 소승불교의 선정과 그 차원이 다른 것으로 이해된다. 번뇌를 끊는다는 것은 일어난 생각을 없앤다는 것이지만 바로 무심한 경지에 들어가면 끊을 번뇌가 없다.

이승二乘은 성문聲聞과 연각緣覺으로 대승大乘에서는 소승小乘의 수행자로 간주한다. 성문은 사성제四聖諦의 이치를 듣고 깨달음을 얻은 이들을 가리키고 연각은 12인연의 이치를 관하여 깨달음을 얻은 이를 말한다. 대승에서는 이 이승을 대승으로 전향하지 못한 어리석은 법이라 하여 우법愚法이라 부른다.

열반涅槃은 범어 니르바나nirvāṇa를 음사音寫한 말로 적멸寂滅 혹은 원적圓寂이라 번역한다. 번뇌의 불길, 욕망의 불길을 꺼버렸다 하여 때로는 취소吹消라 번역하기도 한다. 지극히 고요하고 평화로워 마음이 안온한 경지로 생사의 고통이 떠나간 것을 일컫는다.

능소能所란 능동과 수동을 뜻하는 말로 능동적인 행위를 일으키는 주체와 그 행위의 입힘을 당하는 객체를 두고 능소라 한다. 주객이 나뉜 상대적 상황이 없어지고 절대의 진리에 들어갈 때 능소가 끊어진다. 다시 말해 주체와 객체가 모두 없어진다는 말이다.

32장
마음을 비워 스스로 비추어라
虛懷自照

須虛懷自照하야 信一念緣起無生이니라
수 허 회 자 조   신 일 념 연 기 무 생

모름지기 마음을 비워 스스로 비추어서 한 생각 인연 따라 일어나는 것이 본래 생겨남이 없다는 것을 믿어야 한다.

此는 單明性起이라
차   단 명 성 기

이것은 간단히 성품에서 일어나는 것을 밝힌 것이다.

마음을 비운다는 것은 객관 경계를 따라 일어나는 생각에 끌려가지 않는다는 것이다. 이른바 무념無念이 되는 것을 말한다. 이 세상의 모든 현상이 인연 따라 일어나는 연기현상이며 주관 객관이 서게 되는 것은 한 생각이 처음 일어나면서 시작되므로 이를 일념연기라 한다. 그러나 연기에 의해 존재하는 모든 사물은 그 실체가 없다. 제법무아 諸法無我라는 말이 이를 뜻한다. 다시 말하면 모든 것은 공하다는 것이다. 인연에 의해 일어나는 현상이 실체가 없는 것이므로 근본 성품에서 볼 때는 불생불멸하는 것이라 이를 무생無生이라 한다. 다시 말해 생멸변화하는 현상은 우리 눈에 보이지만 그것은 자성적 실체를 가진 생멸변화가 아니라는 말이다.

연기緣起는 불교 교리의 근본 중심을 이루는 말이다. 인연에 의해 일어나는 모든 현상은 서로 의지하여 관계를 맺고 있는 상의상관相依相關의 이치를 가리키는 말이다. 조건에 의한 관계가 성립되어 서로가 존재의 원인을 제공하고 있다는 말로 불교 교리의 주축을 이룬다. 12연기에서 업감연기, 아뢰야연기, 여래장연기, 법계연기 등 교리발달 과정에서 새로운 연기설이 등장하였다.
성기性起는 화엄교학에서 나온 말로 모든 법은 연기현상에 의해 나타난 것이지만 근본 성품은 상주불변常住不變하는 것이다. 이 상주불변하는 본성에 의지해 연기현상이 일어나는 것을 성기라 하며 때로는

131

연기라는 말 대신에 이 말을 쓴다. 연기는 상주불변의 본성이 제법을 연기하지만 본성 자체는 변하지 않고 그대로 있는 것이므로 본성을 두고 말하면 연기하여도 연기하지 않는 것이 된다. 이를 연기하여도 연기하지 않는다 하여 기이불기起而不起라고 표현해 왔다. 반면 성기는 변하지 않는 본성이 그대로 현상을 연기하는 것이니 본성 자체는 연기하지 않으면서 연기하는 것이라 하여 불기이기不起而起라 표현한다. 연기는 현상을 차별로 보는 관점이 되지만 성기는 현상이 본체와 동일한 무차별로 보는 것이다.

33장
한 마음에서 일어나는 것을 자세히 관찰하라 從一心上起

諦觀殺盜淫妄이 從一心上起하면
체 관 살 도 음 망   종 일 심 상 기

當處便寂이라 何須更斷이리오
당 처 편 적   하 수 갱 단

죽이고 훔치고 음행하고 거짓말하는 것이 한 마음에서 일어나는 것이니, 이를 자세히 관찰하면 일어나는 곳이 비워져 고요할 것이니 무엇을 다시 끊으려 할 것인가?

此는 雙明性相이니라 經云, 不起一念이 名爲永斷無明이오 又云,
차   쌍 명 성 상   경 운 불 기 일 념   명 위 영 단 무 명   우 운

念起卽覺이라 하니라
염 기 즉 각

이것은 성품과 형상을 양쪽으로 다 밝힌 것이다. 경에서 말하기를 한 생각 일으키지 않는 것이 길이 무명을 끊는 것이라 했고 또 생각이 일어나면 곧 깨달으라 했다.

선의 어원 드야나^{dhyāna}를 번역할 때 기악棄惡, 혹은 공덕총림功德叢林이라 번역하기도 한다. 악을 버린다는 뜻과 공덕의 수풀이란 뜻이다. 살생, 투도, 사음, 거짓말 등 악업을 짓는 근원을 살펴보면 한 생각 일어난 데서 시작된 것이다. 한 생각이 일어나지 아니하면 악업을 지을 것이 없다. 또 본래 공한 이치에서 보면 악업을 끊을 것도 없다는 말이다.

'일어나는 곳이 비워 고요하다〔當處便寂〕' 는 본래 일념망념이 없었다는 말로《능가경》에 나오는 '적멸한 것이 한 마음이고, 한 마음이 곧 여래장이다〔寂滅者 名爲一心 一心者 名爲如來藏〕' 에서 근거한 것이다. 또 '생각을 일으키지 않는 것이 길이 무명을 끊는 것이다' 는 무명을 염기念起라고 한《도서》에 나오는 말과 같다.

34장
환을 여의면 깨달음이다
離幻卽覺

知幻卽離이라 不作方便이요
지 환 즉 리   부 작 방 편

離幻卽覺이라 亦無漸次니라
이 환 즉 각   역 무 점 차

환인 줄 알면 곧 여의게 되니 방편을 지을 것이 없고 환을 여의면 곧 깨닫게 되어 닦아 나아가는 차제도 없다.

心爲幻師也요 身爲幻城也이라 世界는 幻衣也요 名相은 幻食也니
심 위 환 사 야   신 위 환 성 야   세 계   환 의 야   명 상   환 식 야

至於起心動念과 言妄言眞이 無非幻也니라 又無始幻無明이 皆從
지 어 기 심 동 념   언 망 언 진   무 비 환 야   우 무 시 환 무 명   개 종

覺心生이라 幻幻이 如空華하니 幻滅하면 名不動이라 故로 夢瘡求醫
각 심 생   환 환   여 공 화   환 멸   명 부 동   고   몽 창 구 의

者가 寤來에 無方便하니 知幻者도 亦如是니라
자   오 래   무 방 편   지 환 자   역 여 시

마음이란 환술幻術을 부리는 사람이요, 몸은 환술의 성이다. 세계는 환술의 옷이고 이름과 형상은 환술의 밥이다. 나아가 마음을 일으키고 생각을 움직이는 것과 거짓이라 말하고 진실이라 말하는 것이 환술 아닌 것이 없다. 또 비롯함이 없는 환술 같은 무명이 모두 깨달음의 마음에서 생긴다. 환이란 허공의 꽃과 같으니 환이 멸하면 움직임이 없다. 그러므로 꿈에 병이 나서 의사를 찾던 사람이 깨어남에 병도 없고 의사 찾을 일이 없듯이 환인 줄 아는 사람도 그와 같다.

깨달음이 무엇인가? 깨달음의 정체는 따로 있는 것이 아닌 환을 여읜 것이라 했다. 환이란 헛것을 말하는 것으로 요술쟁이가 요술을 부려 무엇을 나타내 보이는 것처럼, 실제로는 없는 것인데 있는 것처럼 보이는 것이다. 이 환을 여의면 깨달음이라, 달리 특별한 수행 방법이나 과정이 없다는 말로 이는 돈오의 순간을 두고 한 말이다. 그런데 일체 환이 깨달은 마음에서 나온다 하였다. 환 아닌 것에서 환이 나왔다는 말이다. 무명도 환에서 나온 것이니 일체 망념이 모두 허공꽃과 같은 환이라 중생의 생각은 모두 환상幻想이라는 말이다.

이 장의 내용은 《원각경》〈보현장〉에 나오는 말을 인용하였다.
보현보살이 부처님께 여쭌다.
"어떤 방편으로 점점 닦아야 모든 환을 여읠 수 있겠습니까?"
이에 부처님이 답해 주신다.
"환인 줄 알면 곧 여의게 되는 것이니 방편을 쓸 것도 없고 환을 여의면 곧 깨달음이니 닦아 가는 과정도 없느니라."

공화空華는 눈병 난 사람이 허공을 바라볼 적에 보이는 아물거리는 헛 것을 말한다.

35장
생사는 공화와 같다 生死如空華

衆生이 於無生中에 妄見生死涅槃이
중생 어무생중   망견생사열반

如見空花起滅이니라
여견공화기멸

중생이 태어남이 없는 가운데 망령되이 생사와 열반을 보는 것이 마치 허공에 헛꽃이 아물거리는 것을 보는 것과 같다.

性本無生故로 無生涅也요 空本無花故로 無起滅也이라 見生死者
성본무생고   무생열야   공본무화고   무기멸야   견생사자

는 如見空花起也요 見涅槃者는 如見空花滅也니라 然이나 起本無
  여견공화기야 견열반자 여견공화멸야   연   기본무

起요 滅本無滅이라 於此二見에 不用窮詰이니 是故로 思益經에 云
기   멸본무멸   어차이견   불용궁힐   시고   사익경   운

諸佛出世가 非爲度衆生이요 只爲度生死涅槃二見耳이라 하니라
제불출세   비위도중생   지위도생사열반이견이

성품은 본래 생겨남이 없는 까닭에 생사와 열반이 없고 허공엔 본래
헛꽃이 없었기 때문에 일어나고 멸함이 없다. 나고 죽음을 보는 것은
헛꽃이 일어남을 보는 것이요 열반을 보는 것은 헛꽃이 없어짐을 보
는 것과 같다. 그렇지만 일어나도 본래 일어남이 없고 없어져도 본래
없어짐이 없는 것이다. 이 두 견해에 더 이상 따질 것이 없다. 그리하
여 《사익경思益經》에서 말하기를 "모든 부처님이 세상에 나오신 것은
중생들을 건지기 위한 것이 아니요 단지 생사와 열반의 두 견해를 건
지기 위한 것이다" 하였다.

본래 '나고 죽음이 없다[本無生死]' 는 말은 대승경전에서 자주 설하는
말이다. 불생불멸하는 진여를 두고 볼 때 허공처럼 과거 어느 때 만
들어지지 않았으며 미래 어느 때 가서 없어지는 것이 아니란 말이다.
생사를 보는 것은 눈병 난 눈이 공화를 보는 것과 같다고 하였다. 병
때문에 헛것을 본다는 것은 망념이 있기 때문에 생사를 본다는 것에
비유하여 한 말이다. 이 장의 내용도 《원각경圓覺經》〈문수장〉의 내
용과 같다.

《사익경》은 《사익범천소문경》을 줄여 부른 이름이다. 사익은 색계 범천의 천왕 이름인데 이 경에서는 보살로 나온다. 부처님께 법을 물어 문수, 망명보살 등과 문답하는 내용으로 되어 있다. 《금강경》이나 《유마경》에 설해진 내용과 비슷한 것이 많다. 상에 집착하지 말라는 무상법문으로, 색으로써 부처를 보지 말고 수, 상, 행, 식으로 부처를 보지 말라는 말이 이 경에 설해져 있다. 한역에 세 가지 본이 있으나 주로 구마라습이 번역한 본이 널리 유통되었으며 4권 18품으로 되어 있다.

36장
중생을 제도하여 열반에 들게 해도 열반에 드는 중생이 없다
度衆生入滅度 無衆生得滅度

菩薩이 度衆生入滅度나 又實無衆生得滅度니라
보살　　도중생입멸도　　우실무중생득멸도

보살이 중생을 제도하여 멸도(열반)에 들게 하나 실제로 중생이 멸도를 얻은 이가 없다.

菩薩은 只以念念으로 爲衆生也니 了念體空者가 度衆生也이라 念
보살　　지이염념　　　위중생야　　요염체공자　　도중생야　　　염

旣空寂者인댄 實無衆生得滅度也니라 此上은 論信解하니라
기공적자　　　실무중생득멸도야　　　차상　　논신해

보살은 오로지 중생을 위한 생각뿐이다. 생각의 바탕이 비어 있음을 아는 것이 중생을 제도하는 것이다. 생각이 이미 비어, 고요하다면

실제로 중생이 멸도를 얻을 것이 없다.
이상은 믿음과 이해에 대하여 논한 것이다.

보살이 중생을 제도하여도 제도한 바가 없다는 말은 《금강경》에 나오는 말로 아상我相, 인상人相, 중생상衆生相, 수자상壽者相 따위의 상이 없기 때문이다. 생각이 비어 고요하다는 것은 상이 없음을 뜻하는 말이다. 상이란 관념의 고집으로 어떤 고정관념에 사로잡히는 것이 모두 상相이 된다. 《금강경》의 한역 6본 가운데 상相을 상想으로 번역한 본도 있듯이 상相은 상想과 같은 의미로 이해되기도 한다.

신해信解는 수행의 단계를 네 가지로 나누어 말할 때 신信, 해解, 행行, 증證으로 말하는데 믿고, 이해하고, 실천하고, 체험하는 것이다. 믿고 이해한 다음 실천하고 체험하는 수행의 전후를 말하는 것이다.

37장
이치는 바로 깨달으나 업은 바로 제거되지 않는다 理卽頓悟 事非頓除

理雖頓悟나 事非頓除니라
이 수 돈 오   사 비 돈 제

이치는 바로 깨달으나 업은 바로 제거되지 않는다.

文殊는 達天眞하고 普賢은 明緣起니 解似電光이나 行同窮子이라
문 수   달 천 진   보 현   명 연 기   해 사 전 광   행 동 궁 자

此下는 論修證하니라
차 하   논 수 증

문수는 천진을 달관하고 보현은 연기를 밝힌다. 아는 것은 번갯불 같아도 행동은 천한 습관에 길들여진 아이와 같은 것이다.
이 아래는 닦아 증득하는 것을 논한 것이다.

돈오점수頓悟漸修의 이치를 설명하고 있다. 《능엄경》에 나오는 4구게를 인용하여 먼저 깨닫고 나중에 닦는 돈오점수에 대하여 말한 것이다. 문수와 보현은 지혜와 행원을 상징하는 보살로 이치를 깨닫는 것은 번갯불처럼 이루어질 수 있으나 몸에 익혀진 습관, 곧 사람의 업은 순식간에 고쳐지지 않음을 밝히어 점차적인 행에 의해 궁자의 습관을 고친다는 이야기이다.

궁자窮子는 법화칠유法華七喩의 하나로 《법화경》〈신해품〉에 나오는 이야기이다. 궁자란 빈궁한 자식이란 뜻으로 어느 장자의 아들이 집을 나가 50년을 타국에서 걸식 행각을 하면서 궁핍하게 살다 우연히 아버지 집으로 들어왔다. 이때 아들을 잃고 오랫동안 근심에 싸여 지내던 아버지가 아들임을 알고 집에 붙들어 살게 하려고 한다. 그러나 천한 습관에 길들여진 아들은 아버지의 위세에 눌려 아버지인 줄도 모르고 겁을 먹고 도망쳐 버린다. 아버지는 측근을 보내어 아들을 데려오게 하나 아들은 겁에 질려 기절해 버린다. 이에 아버지는 방편을 써 다시 천한 신분으로 가장한 두 사람을 보내어 아들이 겁에 질리지 않고 서로 어울리도록 하여 친해지게 한 후 집으로 데리고 오도록 한다. 그리하여 처음에는 마구간을 치우는 등 하인들이 하는 일을 하게 하다가 나중에 아들이 아버지를 두려워하지 않게 된 후 부자 관계를 알려주어 재산을 물려준다는 이야기이다. 이는 불성을 모르는 중생들이 윤회의 고통을 벗어나지 못하는 것을 불쌍히 여겨 부처님이 자비방편으로 불법의 이치를 깨닫게 하여 중생을 제도하는 일에 비유한 설화다.

38장
계행이 없으면 마군의 도를 이룬다
無戒行 成魔道

帶婬修禪은 如蒸沙作飯이요
대 음 수 선   여 증 사 작 반

帶殺修禪은 如塞耳叫聲이요
대 살 수 선   여 색 이 규 성

帶偸修禪은 如漏巵求滿이요
대 투 수 선   여 루 치 구 만

帶妄修禪은 如刻糞爲香이니
대 망 수 선   여 각 분 위 향

縱有多智이라 皆成魔道니라
종 유 다 지   개 성 마 도

음심을 끊지 못하고 선을 닦는 것은 모래를 쪄서 밥을 짓는 것과 같고, 살생하면서 선을 닦는 것은 귀를 막고 고함을 지르는 것과 같고, 도적질하면서 선을 닦는 것은 새는 잔에 물이 가득 차기를 바라는 것과 같다.

거짓말을 하면서 선을 닦는 것은 똥을 새겨서 향을 만드는 것과 같으니, 비록 지혜가 많더라도 모두 마군의 도를 이루고 마느니라.

———

此는 明修行軌則이니 三無漏學也이라 小乘은 稟法爲戒하야 粗治
차   명수행궤칙   삼무루학야   소승   품법위계   조치

其末이요 大乘은 攝心爲戒하야 細絶其本이니 然則法戒는 無身犯이
기말   대승   섭심위계   세절기본   연즉법계   무신범

요 心戒는 無思犯也이라 淫者는 斷淸淨하고 殺者는 斷慈悲하고 盜
   심계   무사범야   음자   단청정   살자   단자비   도

者는 斷福德하고 妄者는 斷眞實也이라 能成智慧하야 縱得六神通이
자   단복덕   망자   단진실야   능성지혜   종득육신통

라도 如不斷殺盜淫妄則必落魔道하야 永失菩提正路矣리라 此四
     여부단살도음망즉필낙마도   영실보리정로의   차사

戒는 百戒之根故로 別明之하야 使無思犯也이라 無憶曰戒요 無念
계   백계지근고   별명지   사무사범야   무억왈계   무념

曰定이요 莫妄曰慧이라 又戒爲捉賊이요 定爲縛賊이요 慧爲殺賊이
왈정   막망왈혜   우계위착적   정위박적   혜위살적

라 又戒器完固하야사 定水澄淸하고 慧月方現이니 此三學者는 實爲
   우계기완고   정수징청   혜월방현   차삼학자   실위

萬法之源故로 特明之하야 使無諸漏也이라 靈山會上에 豈有無行
만법지원고   특명지   사무제루야   영산회상   기유무행

147

佛이며 少林門下에 豈有妄語祖리오?
불   소 림 문 하   기 유 망 어 조

이것은 수행의 궤칙을 밝힌 것이니 세 가지 무루학에 대해 말한 것이다. 소승은 법을 받는 것으로 계를 삼기에 대충 그 끝을 다스리게 되고, 대승은 마음을 거두는 것으로 계를 삼기 때문에 그 뿌리를 빈틈없이 끊는 것이다. 그렇기에 법계는 몸으로 범하지 않으면 되지만 심계는 생각으로 범함이 없어야 한다. 음행은 청정을 끊고 살생은 자비를 끊고 도적질은 복덕을 끊고 거짓말을 하는 것은 진실을 끊게 된다.

능히 지혜를 이루어서 여섯 가지 신통을 얻었다 하더라도 만약 살생, 도둑질, 음행, 거짓말 하는 것을 끊지 못하면 반드시 마도에 떨어져서 영영 보리의 바른 길을 잃어버릴 것이다.

이 네 가지 계는 모든 계의 근본이 되는 까닭에 특별히 밝혀서 생각으로도 범함이 없게 하는 것이다. 생각하지 않는 것을 계율이라 하고 생각이 없는 것을 선정이라 하며 거짓이 없는 것을 지혜라 한다. 또 계율은 도둑을 잡는 것이요, 선정은 도둑을 묶는 것이며, 지혜는 도둑을 죽여 버리는 것이다. 또 계의 그릇이 완전하고 견고해야 선정의 물이 맑게 고여 지혜의 달이 나타나는 것이니 이 삼학三學이 실로 만법의 근원이 되는 까닭에 특별히 밝혀서 새어 흐르는 일이 없게 한 것이다. 영산회상에 어찌 수행 없는 부처님이 있으며, 소림문하에 어찌 거짓말 하는 조사가 있었겠는가?

불교수행의 근본이 일반적으로 계戒 · 정定 · 혜慧 삼학으로 설명되는데 선 수행에 있어서도 이를 대단히 강조하고 있다. 《범망경梵網經》에 계로써 정을 얻고 정으로써 혜를 얻는다 한 것처럼 계는 수행의 근본이 되어 계행 없이 수행이 이루어지지 않는다는 것이다. 마치 일층을 짓지 않고 이층을 지을 수 없다는 논리와 같다. 계는 그름을 막고 악을 그치는 것[防非止惡]이라고 그 뜻을 설명하는 바와 같이 악업을 짓지 않는 것이 지계의 정신이다. 이 계를 소승의 금계禁戒 대승의 심계心戒로 나누어 설명하여 생각으로도 범함이 없어야 완전한 계가 지켜지는 것이라 하였다. 살생, 투도, 사음, 망어의 4계가 가장 중요한 계로 이 넷을 어기면 대중에서 쫓겨난다 하여 4바라이四波羅夷라고 한다.

삼무루학三無漏學은 계 · 정 · 혜 삼학을 말하는 것으로 《능엄경》 6권에 삼학을 삼무루학이라고 한 말이 나온다. 루漏란 물이 새는 것을 뜻하는 말이지만 번뇌를 가리키는 말로 쓰인다. 무루란 청정을 뜻하는 말이다.
육신통六神通은 신비한 초인적인 능력 여섯 가지를 말한다. 천안통天眼通은 멀고 가까움을 뛰어넘어 막힘없이 모든 것을 보는 능력이며, 천이통天耳通은 모든 것을 듣는 능력이다. 타심통他心通은 다른 사람의 마음속 생각을 알아내는 능력이며, 숙명통宿命通은 과거 전생의 일이나 미래 생의 일을 아는 능력이며, 신족통神足通은 공간의 장애를 받지 않고 몸을 자유자재로 움직이며 변화하는 능력이고, 누진통漏盡通은 번뇌를 완전히 끊고 얻는 신통이다.

영산회상靈山會上은 부처님이 머물러 설법하던 인도의 기사굴산영축산에 모였던 대중을 일컫는 말이다. 소림문하少林門下는 인도에서 중국으로 건너와 선법을 편 중국 선종의 초조 달마대사가 머물렀던 중국 하남성 숭산嵩山 소실봉少室峯에 자리한 소림사少林寺라는 절 이름에서 유래한다. 달마가 이곳에서 9년 면벽을 한 이후 달마선법을 이어온 선종의 가풍을 지칭하는 말로 쓰였다. 소림사는 원래 북위北魏의 효문제孝文帝가 인도에서 온 스님 불타난제佛陀難提를 위해 496년에 지은 절이라 한다. 척점사陟岵寺라고 부르다가 수나라 문제 때 소림사로 개칭하였다.

39장
부처님의 계율에 의지하지 않으면
덕 있는 사람이 못 된다 不依佛戒 無德之人

無德之人은 不依佛戒하며
무 덕 지 인   불 의 불 계

不護三業하고 放逸懈怠하며
불 호 삼 업   방 일 해 태

輕慢他人하며 較量是非로
경 만 타 인   교 량 시 비

而爲根本하나니라
이 위 근 본

덕이 없는 사람은 부처님의 계율에 의지하지 않으며 삼업을 보호하지 않고 함부로 행동하고 게으르다. 남을 업신여기고 따지며 시비하는 것을 일삼고 지낸다.

———

一破心戒하면 百過俱生이니라
일 파 심 계   백 과 구 생

한 번 마음의 계율을 깨뜨리면 온갖 허물이 함께 생긴다.

如此魔徒가 末法에 熾盛하여 惱亂正法하리니 學者는 詳之니라
여 차 마 도   말 법   치 성   뇌 란 정 법   학 자   상 지

이와 같은 마군의 무리들이 말법에 불같이 일어나 바른 법을 어지럽히니 배우는 사람들은 잘 알아두어야 할 것이다.

사람의 인격에 윤리·도덕적 모범이 나타나는 것을 덕이 있다고 말한다. 아무리 뛰어난 재주를 갖추었다 할지라도 덕이 없으면 인격의 단점이 남는 것이다. 선의 실천에 있어서도 계행을 지키는 윤리적 조행操行이 갖춰져야 한다. 시대에 따라 수행풍이 타락해 가는 말세의 징후가 나타나는 것은 계행이 잘 지켜지지 않고 윤리 도덕이 무너지기 때문이다. 예로부터 계를 부처가 되고 조사가 되는 성불작조成佛作祖의 관문關門이라 했다. 대승의 보살계를 설해 놓은 《범망경》에는 죽

지 않는 약이 있다 소개하면서 이를 감로문甘露門이라 했다. 감로문은 두 개가 있는데 하나는 삼취계법이고 또 하나는 무상보리이다. 삼취계법은 삼취정계를 말하는데 일체 율행에 맞는 위의를 잘 지니는 섭율의계攝律儀戒와 일체 선법을 포섭하는 섭선법계攝善法戒 그리고 일체 중생을 거두어들이는 섭중생계攝衆生戒이다.

삼업三業은 몸과 말과 생각으로 짓는 세 가지 업을 말한다. 신업과 구업은 표시되는 행위라 표업表業이라 하고, 의업은 사람의 마음속 생각으로 지어지는 업이므로 남에게 표시가 되지 않는다 하여 무표업無表業이라 한다.

말법末法이란 정법正法이 쇠퇴한 시대를 뜻하는 말로 말세末世 혹은 말대末代라고도 한다. 부처님의 정법이 사람들에 의해 바르게 실천되는 시대를 정법시대라 하고 차츰 정법의 실천자가 줄어들어 정법이 쇠해지는 시기를 상법像法시대라 한다. 또 바른 수행풍이 소멸되어 그릇된 사견에 빠져 올바른 수행이 이루어지기 힘든 시대를 말법시대라고 한다. 정법시대가 오백 년, 상법시대가 천 년, 말법시대가 만 년이나 지속된다는 설이 있다. 5뢰고五牢固설은 부처님 당시부터 오백 년 단위로 법이 쇠해지는 과정을 다섯 단계로 설명하는 말이다. 올바른 정법의 수행을 통해 해탈을 얻는 해탈뢰고解脫牢固, 해탈이 잘 얻어지지는 않으나 선정이 잘 이루어지는 선정뢰고禪定牢固, 교법의 말씀을 많이 들어 지식이 많은 다문뢰고多聞牢固, 절을 짓고 탑을 세우는 등의 일에 치중하는 탑사뢰고^{塔寺牢固}, 수행의 근본정신이 쇠퇴하여 서로 싸우기를 좋아하는 투쟁뢰고^{鬪爭牢固}의 시대가 오백 년씩 지속된다는 것이다. 투쟁뢰고가 말법시대이다.

40장
계율 존중하기를 부처님처럼 하면 부처님이 항상 곁에 계신다
重戒如佛 佛常在焉

若不持戒면 尙不得疥癩野干之身이온
약 불 지 계   상 부 득 개 라 야 간 지 신

況淸淨菩提果를 可冀乎아?
황 청 정 보 리 과   가 기 호

만약 계율을 지키지 아니하면 비루먹은 여우의 몸도 받지 못한다는데 하물며 청정한 깨달음의 열매를 바랄 수 있겠는가?

重戒如佛하면 佛常在焉이시니 須草繫鵝珠로 以爲先導니라
중 계 여 불   불 상 재 언   수 초 계 아 주   이 위 선 도

계를 존중하기를 부처님처럼 하면 부처님이 항상 곁에 계시는 것과 다를 바가 없으니 모름지기 풀에 몸을 묶여 있었던 일과 거위를 살려

155

준 일로써 본보기를 삼아야 할 것이니라.

부처님의 유훈 가운데 계로써 스승을 삼으라는 말이 있다. 부처님이 열반에 드시고 난 후 누구를 스승으로 삼아야 하느냐는 물음에 답한 말이다. 따라서 부처님이 계시지 않을 때 계를 존중하면 스승이 있는 셈이니 부처님이 계시는 것과 같은 결과가 된다.
영명연수永明延壽: 904~975 선사의 보살계 서문에 보살계가 '수많은 성인을 세우는 땅이며 온갖 선을 내는 터전〔建千聖之地 生萬善之基〕' 이라 하였다.

초계草繫는 어느 비구가 도적을 만나 입고 있던 옷을 빼앗기고 알몸으로 풀에 묶여 있었던 고사에서 나온 말이다. 풀이 끊어질까봐 묶인 채로 배고픔을 참으며 가만히 있다 나중에 사냥 나온 왕에게 발견되어 왕이 풀어 주었는데 풀이 상할까봐 묶인 채로 가만히 있었다는 말을 듣고 왕이 크게 감동하여 불법에 귀의하였다는 설화다.
아주鵝珠는 어느 비구가 탁발을 나가 보석 세공을 하는 집에 들렀을 때의 일화를 말한다. 마침 보석을 갈고 있던 주인이 비구에게 시주할 식량을 가지러 광으로 들어갔을 때 마당을 돌아다니던 거위가 와서 갈다 둔 보석 구슬을 삼켜버렸다. 잠시 후 주인이 나와 보니 구슬이 없어졌으므로 의아하여 스님을 바라보았으나 스님은 아무 말도 않는 것이었다. 그가 본대로 거위가 구슬을 삼켜버렸다 하면 주인이 확인하고자 필시 거위를 죽일 것이 분명하여 벙어리처럼 말을 하지 않은 것이었다. 이에 주인이 스님을 의심하여 보석 구슬을 내어 놓으라고 윽박지르며 스님을 구타했다. 스님의 몸에서 피가 흐르자 거위가 또 와서 피를 쪼아 먹었다. 주인이 홧김에 거위를 발로 차 죽여 버렸다. 이때 스님이 거위가 구슬을 삼킨 것을 이야기하여 의심을 벗어났는데 주인은 스님이 거위의 목숨을 살리기 위해 수모를 당하고도 말을 하지 않은 태도에 감동하고 사죄를 했다는 설화로 《대장엄론경》 11권에 나오는 이야기이다.

41장
윤회의 근본은 애욕이다 愛爲輪廻之本

欲脫生死인댄 先斷貪欲하고 及除愛渴이니라
욕탈생사   선단탐욕   급제애갈

생사를 벗어나려면 먼저 탐욕을 끊고 애욕의 목마름을 없애야 한다.

愛爲輪廻之本이요 欲爲受生之緣이라 佛云, 淫心不除하면 塵不可
애위윤회지본   욕위수생지연   불운 음심부제   진불가

出이리 하시고 又云, 恩愛一縛着하면 牽人入罪門이라 하시니라 渴者
출   우운 은애일박착   견인입죄문   갈자

는 情愛之至切也이라
   정애지지절야

애욕은 윤회의 근본이고 욕망이 몸을 받는 조건이다. 부처님께서 말씀하셨다.
'음심을 제거하지 못하면 티끌을 벗어날 수 없다' 하셨고 또 '은애에 한 번 묶이면 사람을 끌고 죄의 문에 들어간다' 하였다. 목마름이란 애정이 지극하고 간절한 것이다.

애욕을 윤회의 근본이라 하는 것은 《능엄경》 등의 경전에서 자주 하는 말이다. 목마른 사람이 물을 찾듯이 중생은 애욕의 갈증에 빠져 있다. 이리하여 악업을 지어 나쁜 과보를 받아 윤회의 고통을 벗어나지 못한다. 또 애욕은 인간의 본능인 음심과 직결된다. 선정을 닦는 수행에서 음심이 제거되어야 함을 강조하였다. '음심을 제거하지 못하면 티끌에서 벗어날 수 없다' 는 말은 《능엄경》 6권에 나오는 말이다. 몸을 받아 태어나는 원인이 되는 것이 음심에서 비롯된다는 뜻이다.
계율에 불음계가 제정된 동기가 수제나須提那: Sudinna 비구 때문이었다는 설이 있다. 부처님이 성도한 지 13년째 되던 해에 수제나가 어머니의 강권에 못이겨 아내와 동침하여 아들을 낳은 사건이 있었다. 이 사실을 안 부처님이 수제나를 꾸짖고 불음계를 제정하였다.

윤회輪廻는 나고 죽는 생사를 반복하는 것을 말한다. 범어 삼사라

saṃsāra가 가지고 있는 어원은 함께 달려간다는 뜻으로, 업력業力이 갖추어져 움직임이 일어나 생을 받게 되며 보통 인간에서 지은 업을 기준으로 천상天上, 아수라阿修羅, 축생畜生, 아귀餓鬼, 지옥地獄의 육도 윤회를 한다고 한다.

42장

선정에서 청정한 지혜가 생긴다
無碍淸淨慧 皆因禪定生

無碍淸淨慧가 **皆因禪定生**이니라
무 애 청 정 혜　　개 인 선 정 생

걸림 없는 청정한 지혜가 모두 선정에서 생긴다.

超凡入聖하고 **坐脫立亡者**는 **皆禪定之力也**니라 **故**로 **云**, **欲求聖道**
초 범 입 성　　좌 탈 입 망 자　　개 선 정 지 역 야　　고　　운　욕 구 성 도

인댄 **離此無路**이라 하시니라
　　　이 차 무 로

범부를 뛰어넘어 성인에 들어가고 앉아서 죽고, 서서 죽는 것이 다 선정의 힘이다. 그러므로 말하기를 "성인의 길을 찾으려면 이를 여의고는 길이 없다" 하였다.

계·정·혜 삼학을 골고루 강조하면서 앞 장의 계학에 이어 이 장章에서는 선정의 힘을 얻어야 함을 강조한다.

좌탈입망坐脫立亡은 선정의 힘을 얻은 수행자들이 임종 시에 앉은 채로 죽거나 서서 죽는 것을 말한다.

43장
선정에서 세간의 생겼다 소멸되는 현상을 안다 在定 能知世間生滅相

心이 在定卽 能知世間生滅諸相하나니라
심   재정즉   능지세간생멸제상

마음이 선정에 들어 있으면 세상의 모든 생겼다 소멸되는 현상을 알 수가 있다.

虛隙日光에 纖埃擾擾하고 淸潭水底에 影像昭昭로다
허극일광   섬애요요   청담수저   영상소소

햇빛 들어오는 빈틈에 가는 먼지가 가물거리고 맑은 못의 물 밑에 그림자가 환히 보인다.

선정에 의해 세간의 생겼다 소멸하는 현상을 안다는 것은 삼매 속에서 얻은 무분별지無分別智로 생멸인연의 실상을 안다는 뜻이다. 파도가 가라앉은 수면에 거울처럼 물체의 영상이 보이는 이치와 같다. 이 장은 정에 의해서 혜가 나타나는 이치를 밝혔다. 예로부터 '계의 그릇이 견고하면 정의 물이 맑고 지혜의 달이 밝다〔戒器堅固 定水澄淸 慧月長明〕'하였다.

정定은 삼마지三摩地: Samadhi를 번역한 말이다. 보통 삼매三昧라고도 말하며 마음이 한곳에 모아져 산란치 않는 것을 가리킨다. 선을 통해 정을 이루므로 선정禪定이라 부르기도 한다.

44장
마음이 일어나지 않는 것이 나지 않는 것이다 心不起 名不生

見境心不起가 名不生이요 不生이 名無念이요
견 경 심 불 기　　명 불 생　　　불 생　　명 무 념

無念이 名解脫이니라
무 념　　명 해 탈

경계를 보고도 마음이 일어나지 않는 것이 나지 않는 것이고, 나지 않는 것이 무념상태이며, 무념상태를 해탈이라 한다.

戒也定也慧也가 擧一具三이요 不是單相이니라
계 야 정 야 혜 야　　거 일 구 삼　　불 시 단 상

계율이나 선정이나 지혜가 하나에 셋이 다 갖추어진 것이며 단수單數만 있는 것이 아니다.

무심 무념도리에 대한 설명이다. 객관경계에 나타나는 이런저런 현상을 보고도 마음이 무심하여 망념이 없다. 무념이란 생각하여도 생각이 없는 것을 말하니 생각의 자성이 공하기 때문이다.

영명연수 선사의 《종경록宗鏡錄》에 '일체 중생은 모두 생각이 있기 때문에 중생이라 하고 일체 부처님은 무념을 얻었기 때문에 부처라 한다〔一切衆生 皆是有念. 名爲衆生 一切諸佛 皆得無念. 名爲佛〕' 하였다. 또 계·정·혜가 각각 셋을 동시에 지니고 있다는 삼위일체를 밝혀 놓았다.

하나를 들면 셋을 갖춘다〔擧一具三〕는 것은 계·정·혜가 모두 마음을 근본한 것이므로 서로 떨어져 있을 수 없다는 뜻이다. 말하자면 삼위일체를 이루는 삼학이라는 뜻이다.

45장
마음의 법은 본래 고요하다
心法本寂

修道證滅이 是亦非眞也요
수도증멸　시역비진야

心法本寂이 乃眞滅也니라
심법본적　내진멸야

故로 曰諸法從本來常自寂滅相이니라
고　왈제법종본래상자적멸상

도를 닦아서 열반을 증득한다는 것, 이 또한 참된 것이 아니다. 마음이 본래 고요한 것이 참된 열반이다. 그러므로 '모든 법은 본래 항상 열반의 모습 그대로다' 하였느니라.

眼不自見이니 見眼者는 妄也이라 故로 妙首는 思量하고 淨名은 杜
안불자견　견안자　망야　　고　묘수　　사량　　정명　두

默하니라 以下는 散擧細行하니라
묵   이 하   산 거 세 행

눈이 눈을 보지 못하는 것이니 눈을 본다는 것은 거짓이다. 그러므로 문수보살은 생각으로 헤아렸지만 유마거사는 말이 없었다. 이 아래는 세세한 행위를 낱낱이 든 것이다.

도를 닦는 것이 열반을 얻기 위한 것이라 하지만 본래 닦을 것도 없고 얻을 것도 없다는 뜻을 밝혀 놓은 대목이다. 마음은 본래 고요하여 닦고 말거나 마음의 본체와는 상관이 없다. 도를 닦는다는 것은 중생의 망념에서 하는 일이란 뜻이다. 수도증멸修道證滅의 도와 멸은 4성제의 도성제道聖諦와 멸성제滅聖諦이다.
'모든 법은 항상 열반의 모습 그대로다'라는 말은 《법화경》에 설해져 있는 유명한 4구게의 초구와 2구이다. 3구와 4구는 '불자가 도를 행하면 내세에 부처가 되리〔佛子行道已 來世得作佛〕' 이다.

묘수妙首와 정명淨名은 문수보살과 유마거사를 가리킨 말로 《유마경》〈불이법문품〉의 내용을 인용해 말한 것이다.

46장
동체대비가 참된 보시이다
同體大悲 是眞布施

貧人이 來乞커든 隨分施與하라
빈 인 내 걸   수 분 시 여

同體大悲가 是眞布施니라
동 체 대 비   시 진 보 시

가난한 사람이 와서 구걸하거든 능력대로 베풀어 주라. 동체대비가 참된 보시니라.

自他爲一日同體요 空手來空手去가 吾家活計니라
자 타 위 일 왈 동 체   공 수 래 공 수 거   오 가 활 계

나와 남이 하나인 것을 한 몸이라 하고 빈손으로 왔다가 빈손으로 가는 것이 우리 집안의 살림살이다.

강설

계·정·혜 삼학을 성취한 사람은 부처님과 같은 동체대비를 실천하여 도를 도와야 한다는 조도助道의 이야기다. 보살의 육바라밀행 가운데 보시를 대표로 들어 말하면서 동체대비가 바로 참된 보시라 하였다. 대승의 이념은 개인이 성취한 결과를 이기적인 자리에만 응용하지 말고 널리 남에게 베풀어 공동의 이익을 이루는 것이다. 이는 나와 남이 둘이 아닌 동체의식의 발로에서 이루어지는 것이다.

동체대비同體大悲는 남을 내 몸과 똑같이 생각하는 대비심이다. 무연대비無緣大悲라 부르기도 하는 불보살이 일체중생을 자기 몸처럼 생각하는 대비심을 두고 하는 말이다. 무연이란 아무런 조건이 없다는 뜻으로 순수한 참 마음 그대로라는 뜻이다.
보시布施는 남에게 은혜를 베푸는 행위를 말한다. 남을 위해 재물을 베풀어 주는 것을 재보시財布施, 법을 설해 진리를 바로 알게 하는 것을 법보시法布施, 그리고 마음에 불안 공포 따위를 없애 주고 마음을 편안하게 해 주는 것을 무외시無畏施라 한다.

47장

한 번 진심을 일으키면
백만 장애의 문이 열린다
一念瞋心起 百萬障門開

有人이 來害어든 當自攝心하야 勿生瞋恨하라
유인 내해 당자섭심 물생진한

一念瞋心起하면 百萬障門開니라
일념진심기 백만장문개

누가 와서 해롭게 하더라도 마음을 거두어 성을 내거나 원망하지 말라. 한 생각 성내는 데서 백만 가지 장애의 문이 열린다.

煩惱雖無量이나 瞋慢이 爲甚이라 涅槃云, 塗割에 兩無心하라 하시니
번뇌수무량 진만 위심 열반운 도할 양무심

瞋如冷雲中에 霹靂起火來니라
진여냉운중 벽력기화래

번뇌가 한량이 없으나 성내는 것보다 더한 것이 없다. 《열반경》에 말하기를 "칼로 베거나 향약香藥으로 발라 주더라도 두 가지에 다 무심해야 한다" 하였다. 성을 내는 것은 차가운 구름 속에 번갯불이 일고 벽력이 치는 것과 같다.

수행을 방해하는 여러 요인 가운데 성을 내는 진심瞋心을 조심해야 한다는 경책이다. "한 번 진심을 일으키면 백만 장애의 문이 열린다"는 말은 《화엄경》 제36품 〈보현행품〉에 나온다.

옛날 금강산 돈도암頓道庵에 살던 홍도弘道 비구가 진심을 한 번 일으켜 뱀 몸을 받았다는 설화가 있다. 금강산 표훈사表訓寺 산내 암자였던 돈도암에 수행정진하던 홍도스님이 병이 들어 몸이 불편하던 중, 어느 날 소나무 밑에 자리를 펴고 누웠다가 갑자기 회오리바람이 불어와 사리를 걷어 치우자 벌컥 화를 내어 악담을 하였다. 이로 인해 뱀의 몸을 받아 후원 공양간에 구렁이로 나타나 재 위에 글씨를 써 뒷사람을 경책하였는데 이를 돈도암홍도비구수사신송頓道庵弘道比丘受蛇身頌 혹은 홍도비구자계시弘道比丘自誡詩라 하여 전해진다. 《가산불교대사림》에 의하면 이 글이 서병재徐炳宰의 《영험설화전설집》과 이의 백 《오계일기집》에 전해진다고 한다. 이 시 가운데 일기진심수사신一起瞋心受蛇身이라는 구절이 있다. 한 번 성을 내어 뱀의 몸을 받았다는 말이다.

幸逢佛法受人身	다행히 불법을 만나고 사람 몸을 얻어서
多劫修行近成佛	다겁을 수행하여 성불에 가까웠는데
松風吹打病席中	솔바람이 불어와 병들어 누운 자리를 치기에
一起瞋心受蛇身	한 번 진심을 일으켜 뱀의 몸을 받았소.
寧我破身作微塵	차라리 내 몸을 부수어 먼지가 될지언정
誓不平生一起瞋	'평생토록 성을 내지 않겠다' 맹서하시오.
我昔比丘住此庵	나 옛적에 비구로 이 암자에 살았는데
今受此身恨無窮	이제 이런 몸을 받았으니 한스럽기 짝이 없소.
假使端嚴具人相	설사 사람 인물 잘 생겨도
瞋心不斷受此身	진심을 끊지 못하면 이런 몸 받소.
願師脚向閻浮提	원컨대 스님이 염부제에 돌아가거든
說我形容誡後人	내 꼴을 말해주어 뒷사람들 경책하시오.
天堂佛刹與地獄	천당이나 부처님 세계나 또는 지옥이
唯由人心所作因	오직 사람의 마음이 원인을 만드니
一失人身難可得	한 번 사람 몸을 잃어버리면 얻기 어렵고
瞋心永斷至菩提	진심을 길어 끊어버려야 깨달음에 이른다 하오.
含勝妙不能言語	간절하고 묘한 뜻을 품었으나 말을 할 수 없어서
以尾成書吐靈情	꼬리로 글을 써서 내 심정을 토하노니
願師書寫懸壁上	원컨대 스님들은 이 글을 베껴 써 벽 위에 걸어두고
欲起瞋心擧顔看	진심이 일어나려 하거든 얼굴을 들어 글을 보시오.

《열반경》의 '도할에 둘 다 무심해야 한다'는 어떤 사람이 칼로 내 몸을 도려내고 또 어떤 사람은 향약으로 상처를 치료해 준다 하더라도 무심하여 마음이 움직이지 않아야 된다고 한 것을 말한다.

48장
참지 못하면 수행을 이룰 수 없다
若無忍行 萬行不成

若無忍行하면 萬行不成이니라
약 무 인 행   만 행 불 성

만약 참는 행이 없으면 온갖 수행을 이룰 수 없다.

行門이 雖無量이나 慈忍이 爲根源이라 忍心은 如幻夢이요 辱境은
행 문   수 무 량   자 인   위 근 원   인 심   여 환 몽   욕 경

若龜毛이니라
약 구 모

수행의 문이 비록 한량이 없으나 자비와 인욕이 근본이 된다. 참는 마음은 허깨비 꿈이요, 모욕을 당하는 경계는 거북이 털과 같은 것이다.

수행이란 결국 번뇌를 극복하여 탐貪, 진瞋, 치痴 삼독을 없애가는 것이다. 이중에서 화를 내는 진심을 다스리기 위해서는 인욕이 갖춰져야 한다. 육바라밀 가운데 인욕바라밀이 있으며 《금강경》에는 석가모니부처님이 과거세에 오백 생을 인욕선인으로 있었다고 하였다. 인욕은 자비심을 바탕으로 외부에서 오는 역경계를 참아내는 것이다. 옛 사람들은 자비와 인욕을 방과 집에 비유하여 인의자실忍衣慈室이라는 숙어를 만들어 썼다. 그러나 참는 마음이 따로 있는 것이 아니다. 또한 나를 욕되게 하는 경계도 없다. 참는 마음이 허깨비 꿈과 같고 욕되게 하는 경계도 거북이 털과 같다. 일체 경계는 우리 마음에 의식되어지는 대상에 불과하므로 경계에 무심해질 때 주객의 마찰이 없다.

구모龜毛란 없다는 것을 비유해 쓰는 말이다. 거북이는 털이 없고 토끼는 뿔이 없는데 있는 것처럼 생각하는 것을 토각구모兎角龜毛라 한다.

49장
본래의 참 마음을 지키는 것이 가장 으뜸가는 정진이다
守本眞心 第一精進

守本眞心이 **第一精進**이니라
수 본 진 심   제 일 정 진

본래의 참 마음을 지키는 것이 가장 으뜸가는 정진이다.

若起精進心하면 **是妄**이요 **非精進**이라 **故**로 **云**, **莫妄想莫妄想**하라
약 기 정 진 심   시 망   비 정 진   고   운   막 망 상 막 망 상

하니라 **懈怠者**는 **常常望後**하나니 **是自棄人也**니라
      해 태 자   상 상 망 후   시 자 기 인 야

만약 정진한다는 마음을 일으키면 이것은 망상일 뿐 정진이 아니다. 그러므로 이르기를 "망상을 피우지 말라. 망상을 피우지 말라!"라고

했다. 게으른 사람들은 항상 뒤를 바라보고 미루기만 하는데 이는 스스로 포기하는 사람이다.

무위심無爲心으로 하는 수행이 참된 수행이며 정진을 해도 정진한다는 생각이 없어야 한다. "만약 정진한다는 마음을 일으키면 그것은 망상일 뿐 정진이 아니다"는 이 말은 원래 《법화경》에 나오는데 이는 《금강경》에서 말한 중생을 제도하여도 제도한 바가 없다는 말과 맥을 같이한다. 선禪은 어떤 관념에 지배되지 않는 마음이 유지되어야 한다. 다시 말해 생각이 앞서면 안 된다. 게으른 사람들은 오히려 엉뚱한 망상에 사로잡혀 지금 해야 할 일을 나중이 있다고 미뤄버리는 습성이 있다. 이래서 공부를 포기하게 된다.

망상을 피우지 말라〔莫妄想〕는 분별에 집착하지 말라는 말로 선종에서 관용적으로 써온 말이다. 《운문광록雲門廣錄》에는 "여러 화상들이여! 망상을 피우지 마시오. 하늘은 하늘이요 땅은 땅이며, 산은 산이요 물은 물이며, 스님은 스님이요 속인은 속인일 뿐이요"라고 한 말이 있고 《경덕전등록》 권18 〈진각영조전眞覺靈照傳〉에는 진각이 어느 날 저녁 반달을 가리키며 박상좌薄上座에게 물었다. "저 달의 한 조각은 어디로 갔는가?" 박상좌가 "망상을 피우지 마십시오" 하자 진각이

"한 조각을 잃어버렸구나" 하였다.

또 분양무업汾陽無業: 760~821은 누가 와서 무엇을 물으면 "망상 피우지 말라"고 말해 무업망상無業妄想이라는 공안이 생겼다.

50장
주력으로 숙업소멸 呪力 · 宿業

持呪者는 現業은 易制라 自行可違어니와
지 주 자   현 업   이 제   자 행 가 위

宿業은 難除라 必借神力이니라
숙 업   난 제   필 차 신 력

주呪를 지니는 것은 현재 금생에 짓는 업은 제어하기 쉬워 자신의 수행으로 물리칠 수 있지만 숙업은 제거하기 어려우므로 신비한 주력의 힘을 빌리게 되는 것이다.

摩登의 得果가 信不誣矣이라 故로 不持神呪하고 遠離魔事者는 無
마 등   득 과   신 불 무 의   고   부 지 신 주   원 리 마 사 자   무

有是處니라
유 시 처

마등가가 수행의 열매인 도를 얻었다는 것은 거짓이 아니다. 그러므로 신비한 주문을 지니지 않고 마군의 장애를 멀리 여의기가 쉬운 일이 아니다.

선 수행을 도와주는 방편으로 주呪를 지송하여 숙제의 업장을 소멸하여 선정을 이루는 방법이 있음을 일러주는 말이다. 불교의 수행 방법을 대별하면 참선, 간경, 주력, 염불 등으로 구분되는데 《선가귀감》에서는 선 수행을 중심으로 한 종합적인 수행법을 거론하고 있다. 예로부터 공부를 방해하는 마군을 물리치고 올바른 선정을 얻기 위하여 주의 수지를 권장한 예가 많았다. 대표적인 것이 《능엄경》의 능엄신주였다. 주는 원래 밀교의 수행법이었으나 선 수행에도 업장소멸 등의 방편으로 쓰였던 것이다. 또 《천수경》에 나오는 대비주 신묘장구대다라니나 광명진언 등도 많이 수지되어온 주이고 '옴 마니 반메 훔'의 육자대명왕 진언도 밀교수행자들이 많이 지송하는 진언이다.

주는 원래 비밀스러운 주술적인 힘을 지니고 있다는 뜻에서 쓰는 말인데 범어 다라니Dhāraṇī를 번역한 말이다. 경전의 내용이나 불법의 이치 또는 불보살에 대한 염원 등을 함축한 구절을 뜻하는 말이었다.

모든 것을 다 지니고 있다는 뜻의 총지總持라고 번역하기도 하며 가장 진실한 뜻을 담고 있는 말이라는 뜻에서 진언眞言이라고 번역하기도 한다. 이 진언을 전문으로 수행하는 종파를 밀종密宗이라 하였고 인도 출신의 선무외善無畏: 637~735 삼장이 당 현종 때 중국으로 들어와 《대일경》 등 밀교경전을 번역한 후 밀종이 일어났다.

마등摩登은 마등가摩登伽로 인도에서 가장 하천한 신분의 사람을 가리키는 말이었다. 원래 남자를 마등가라 하고 여자를 마등기摩登祇라 하여 성별에 따라 달리 불렀으나 나중에는 통용해 썼다. 《능엄경》에는 마등가가 음녀로 등장해 아난을 유혹하여 파계시킬 뻔한 장면이 나온다. 그러나 나중에 이 마등가가 출가하여 성비구니性比丘尼가 된다. 또 마등가의 이름이 들어간 《마등가경》도 있다. 이 경에도 아난을 흠모하던 마등가가 부처님의 설법을 듣고 출가하여 득도했다는 이야기가 설해져 있다.

51장
예배 禮拜

禮拜者는 敬也요 伏也이니
예 배 자   경 야   복 야

恭敬眞性하고 屈伏無明이니라
공 경 진 성   굴 복 무 명

예배는 공경하는 것이며 굴복시키는 것이다. 참된 성품을 공경하고 무명을 굴복시키는 것을 말한다.

身口意가 淸淨이 則佛出世니라
신 구 의   청 정   즉 불 출 세

몸과 말과 생각이 청정하면 부처님이 세상에 나오신 것이다.

불교는 어느 종교보다도 예배 의례가 많다. 조석 예불을 할 때도 법당에 들어가 먼저 3배를 올리고 예불문에 따라 7정례를 올리는 것이 관례로 되어 있다. 사찰의 순수한 우리말인 절이 절을 많이 하는 곳이라는 뜻에서 붙여졌다는 설도 있다. 108배, 3000배 등은 참회기도 등에 흔히 행하는 의례이다. 이렇게 절을 하는 것은 불보살에게 공경의 예를 올리는 것임과 동시에 자신의 아만을 꺾는 것이라고 풀이하기도 한다. 진성을 공경하고 무명을 굴복시킨다는 것이 결국 불성을 계발하여 일체 관념적 고집인 상相, 아상我相, 인상人相 등을 없애는 일이다. 중국의 장사경잠長沙景岑: ?~868 선사는 남으로부터 절을 받을 때 "나로 인하여 당신이 당신에게 절을 하는 것입니다"라고 말했다.

52장
염불 念佛

念佛者는 在口曰誦이요 在心曰念이니
염불자 재구왈송   재심왈염

徒誦失念하면 於道無益이니라
도송실념   어도무익

염불이란 입으로 하는 것은 외는 것이요, 마음으로 하는 것이 생각하는 것이니 한갓 외기만 하고 생각하지 않으면 도에 아무 이익이 없다.

阿彌陀佛六字法門이 定出輪廻之捷徑也이라 心則緣佛境界하야
아미타불육자법문   정출윤회지첩경야   심즉연불경계

憶持不忘하고 口則稱佛名號하야 分明不亂이니 如是心口相應이
억지불망   구즉칭불명호   분명불란   여시심구상응

185

名曰念佛이니라
명 왈 염 불

나무아미타불 6자 법문이 바로 윤회를 벗어나는 지름길이다. 마음으로 부처님의 세계를 생각하여 잊지 않고 입으로는 부처님의 명호를 불러서 생각이 어지럽지 않고 똑똑한 상태가 되어야 한다. 이처럼 마음으로 생각하고 입으로 부름이 하나되는 것이 염불이다.

五祖云, 守本眞心이 勝念十方諸佛이라 하시고 六祖云, 常念他佛하
오 조 운   수 본 진 심   승 념 시 방 제 불   육 조 운   상 념 타 불

야는 未免生死어니와 守我本心이 則到彼岸이라 하시고 又云, 佛向性
     미 면 생 사   수 아 본 심   즉 도 피 안   우 운   불 향 성

中作이요 莫向身外求어다 又云, 迷人은 念佛求生하고 悟人은 自淨
중 작   막 향 신 외 구   우 운 미 인   염 불 구 생   오 인   자 정

其心이라 又云, 大抵衆生이 悟心自度요 佛不能度衆生云云이라 하
기 심   우 운 대 지 중 생   오 심 자 도   불 불 능 도 중 생 운 운

시니 如上諸德이 直指本心하고 別無方便하니 理實如是나 然이나 迹
     여 상 제 덕   직 지 본 심   별 무 방 편   리 실 여 시   연   적

門에 實有極樂世界阿彌陀佛하여 有四十八大願하니 凡念十聲者는
문   실 유 극 락 세 계 아 미 타 불   유 사 십 팔 대 원   범 념 십 성 자

承此願力하여 往生蓮胎하여 徑脫輪廻라 함은 三世諸佛이 異口同
승 차 원 력   왕 생 연 태   경 탈 윤 회   삼 세 제 불   이 구 동

音하시고 十方菩薩이 同願往生이라 又況 古今往生之人이 傳記에
음   시 방 보 살   동 원 왕 생   우 황 고 금 왕 생 지 인   전 기

昭昭하니 願諸行者는 愼勿錯認하고 勉之勉之어다
　소소　　원제행자　　신물착인　　　면지면지

梵語에 阿彌陀는 此云, 無量壽며 亦云, 無量光이라 十方三世第一
　범어　　아미타　　차운　무량수　　역운　무량광　　시방삼세제일

佛號也이라 因名은 法藏比丘니 對世自在王佛하여 發四十八願云,
　불호야　　인명　　법장비구　　대세자재왕불　　　　발사십팔원운

我作佛時에 十方無央數世界諸天人民으로 以至蜎飛蠕動之流히
　아작불시　시방무앙수세계제천인민　　　　이지연비연동지류

念我名十聲者는 必生我刹中하리니 不得是願이면 終不成佛云云하
　염아명십성자　　필생아찰중　　　부득시원　　　종불성불운운

시고 先聖云 唱佛一聲에 天魔喪膽하며 名除鬼簿하고 蓮出金池이라
　　　선성운　창불일성　　천마상담　　　명제귀부　　　연출금지

하고 又懺法에 云, 自力他力이 一遲一速하니 欲越海者가 種樹作船
　　　우참법　운　자력타력　　일지일속　　　욕월해자　　종수작선

은 遲也니 此自力也요 借船越海는 速也니 比佛力也이라 하고 又曰,
　　지야　차자력야　　차선월해　　속야　　비불역야　　　　　우왈

世間稚兒가 迫於水火하여 高聲大叫 則, 父母聞之하고 急走救援하
　세간치아　　박어수화　　　고성대규　즉　부모문지　　　급주구원

나니 如人이 臨命終時에 高聲念佛則佛具神通하야 決定來迎爾니
　　　여인　　임명종시　　고성염불즉불구신통　　　　결정래영이

是故로 大聖慈悲는 勝於父母也요 衆生生死는 甚於水火也라 하니
　시고　대성자비　　승어부모야　　중생생사　　심어수화야

라 有人云, 自心이 淨土이라 淨土에 不可生이요 自性이 彌陀이라 彌
　　유인운　자심　　정토　　　정토　　불가생　　　자성　미타　　미

陀는 不可見이라 하니 此言이 似是而非也이라 彼佛은 無貪無瞋이라
　타　　불가견　　　　차언　　사시이비야　　　피불　　무탐무진

我亦無貪瞋乎아 彼佛은 變地獄作蓮花가 易於反掌이라 我則以業
　아역무탐진호　　피불　　변지옥작연화　　이어반장　　　아즉이업

力으로 常恐自墮於地獄하나니 況變作蓮花乎아? 彼佛은 觀無量世
界가 如在目前이어니와 我則隔壁事이라 猶不知요 況見十方世界가
如目前乎아 是故로 人人이 性則雖佛이나 而行則衆生이니 論其相
用인댄 天地懸隔이라 圭峰이 云, 設實頓悟나 終須漸行이라 하니 誠
哉이라 是言也여 然卽寄語自性彌陀者하노니 豈有天生釋迦와 自
然彌陀耶리오 須自付量하면 豈不自知아 臨命終時生死苦際에 定
得自在否아 若不如是인댄 莫以一時貢高로 却致永劫沈墮어다 又
馬鳴龍樹가 悉是祖師로되 皆明垂言敎하야 深勸往生하니 我何人
哉완댄 不欲往生고 又佛自云하사대 西方이 去此遠矣이라 十萬(十惡)
八千(八邪)이라 하시니 此爲鈍根說相也이라 又云하사대 西方이 去此
不遠이라 卽心(衆生)是佛(彌陀)이라 하시니 此爲利根說性也이라 敎有
權實하고 語有顯密하니 若解行相應者인댄 遠近俱通也이라 故로 祖
師門下에 亦有或喚阿彌陀佛者(慧遠)하며 或喚主人公者(瑞巖)하니라

오조는 "자기의 본래 참 마음을 지키는 것이 시방세계의 부처님을 생각하는 것보다 낫다" 하였다. 육조는 "자기 부처가 아닌 남의 부처를 생각하는 것은 생사를 면하지 못한다. 나의 본래 마음을 지키는 것이 저 언덕에 이르는 것이다" 하였다. 또 "부처는 자기 성품 속에서 되는 것이니 자기 밖에서 찾지 말라" 하였다.

그러고도 말하기를 "어리석은 사람은 염불하여 극락에 태어나기를 바라지만 깨달은 사람은 스스로 마음을 깨끗이 할 뿐이다" 하였다.

또 말한 것이 있다. "무릇 중생이 마음을 깨달아야 스스로를 제도하는 것이요, 부처가 중생을 제도하는 것이 아니다" 했으니 이처럼 여러 대덕들은 바로 본심을 가리켰을 뿐 달리 방편이 없었다. 그러나 이치는 실로 그러하지만 현상의 자취로 볼 때에는 극락세계의 아미타 부처님이 계시며 48대원이 있으니 누구나 열 번만 아미타불 염불을 하면 아미타불의 본원력에 의해 연꽃의 태 속에 태어나며, 곧바로 윤회에서 벗어난다고 한 것은 과거나 현재, 미래 부처님이 다같이 하신 말씀이다. 시방의 보살들도 다 같이 가서 태어나기를 원한다. 또 옛날이나 지금이나 왕생한 사람들의 이야기를 전하는 기록이 많이 알려져 있으니 염불을 수행하려는 자들은 잘못 알지 말고 힘쓰고 또 힘써야 할 것이다.

범어에 아미타는 영원한 생명이라는 뜻이며 끝없는 빛이라는 뜻으로 시방삼세에서 제일가는 부처님의 명호다. 수행 시의 이름은 법장 비구였으니 세자재왕 부처님에게 마흔여덟 가지 원을 세우고 말했다.

"내가 부처가 될 때에 시방의 수없는 세계의 천상 사람과 인간 사람부터 꿈틀거리는 벌레들에 이르기까지 내 이름을 열 번만 부르면 반드시 나의 국토에 태어나게 하소서! 만약 이 원이 이루어지지 않으면 부처가 되지 않겠나이다."

과거의 성인들은 말했다.

"염불하는 한 마디 소리에 천마가 간담이 서늘하고, 저승의 명부에 이름이 빠지며, 금빛 못에 연꽃이 나온다."

또 참법懺法에서는 이렇게 말했다.

"자기의 힘으로 하는 것과 남의 힘으로 하는 것이 하나는 더디고 하나는 빠르다. 바다를 건너가려고 하는 사람이 나무를 심어 배를 만들어 타고 가려면 더딜 것이니 이것은 자기의 힘으로 하려는 것이요, 배를 빌려 타고 바다를 건너려 하는 것은 빠를 것이니 이것은 부처님의 힘에 견준 것이다."

또 말했다.

"세상의 어린 아이들이 물이나 불에 위급하게 되어 큰소리로 외치면 부모가 듣고 급히 뛰어와 구해주는 것처럼 누구든지 임종을 할 때에 큰소리로 염불하면 부처님은 신통력을 갖추었으므로 반드시 와서 맞이할 것이다. 이렇기 때문에 부처님의 자비는 부모보다 낫고 중생의 생사는 물이나 불보다 심한 것이다."

어떤 사람은 말한다.

"자기의 마음이 정토니 정토에 태어날 게 없으며, 자기 성품이 아미타 부처라 아미타 부처는 보려 할 것이 없다."

이 말이 옳은 것 같으나 옳지 않다. 저 부처님은 탐하거나 성내는 일이 없다. 나도 그러면 탐하거나 성냄이 없는가? 저 부처님은 지옥을 연화세계로 바꾸기를 손바닥 뒤집기보다 쉽게 하거늘 나는 항상 업력으로 지옥에 떨어질까 두려워하니 하물며 지옥을 연화세계로 바꿀 수 있으랴. 저 부처님은 한량없는 세계 보기를 눈앞에 있는 것 보듯이 하거늘 나는 담장 하나 막힌 일도 알지 못하니 어찌 시방 세계를 눈앞의 것처럼 보겠는가? 그러므로 사람마다 성품은 비록 부처이지만 행동은 중생이니 그 현상적인 작용을 논한다면 하늘과 땅처럼 현격한 차이가 있다.

규봉선사가 말하기를 "설사 단박에 깨달았다 하더라도 결국은 점차로 닦아야 한다" 하였으니 참으로 옳은 말이다.

그러면, 자기의 성품이 아미타불이라고 하는 사람에게 말해 보자. 어찌 천생으로 되는 석가여래와 자연적으로 되는 아미타불이 있을 수 있겠는가? 모름지기 스스로 헤아려 보면 알 수 있을 것이다. 임종 시 생사의 고통을 당할 적에 그 고통에서 자유자재할 수 있겠는가? 만약 그렇지 못한다면 한때 잘난 척 뽐내다가 영겁을 악도에 빠지거나 떨어지는 일을 초래해서는 안 될 것이다. 마명이나 용수 같은 분은 모두 조사祖師였지만 분명하게 말씀하여 깊이 왕생하기를 권하였는데 나는 어떤 사람이기에 왕생을 부정하는가? 부처님도 친히 말씀하시기를 "서방정토가 여기서 멀어 십만십억 팔천팔사 국토를 지나야 한다" 하신 것은 근기가 둔한 사람들을 위하여 상황을 말한 것이고 달리 말씀하실 때에는 "서방정토가 여기서 멀지 않다. 곧 마음중생이 부처아미타불라 하셨으니 이는 근기가 날카로운 총명한 사람들을 위해 본성의 성품을 말한 것이다.

교문에도 방편으로 설한 권교權敎와 실상의 이치를 설한 실교實敎가 있으며, 말씀에도 뜻을 드러내는 현교顯敎의 말씀이 있고 뜻을 드러내지 않고 숨겨 놓은 밀교密敎의 말씀이 있다. 만약 아는 것과 실천하는 것이 일치되는 이에게는 멀고 가까움이 함께 통하게 될 것이다. 때문에 조사의 문하에서도 아미타불을 부른 혜원慧遠스님 같은 분도 있었고 주인공을 부른 서암瑞巖스님 같은 분도 있었다.

염불 공부에 대하여 말한다. 선 수행에서도 공부가 여의하지 못할 때 아미타불 염불에 의지하여 윤회를 벗어나는 수가 있다. 《대승기신론》에도 지관문止觀門의 수행이 잘 되지 않을 때 육자六字, 곧 나무아미타불에 의지하여 왕생하는 길이 있다고 소개하였다. 《선가귀감》을 보면 저자인 서산스님의 선관禪觀이 나타나는데 돈오점수와 선정일치禪淨一致를 주장하고 있음을 볼 수 있다. 규봉의 설을 인용하면서 돈오점수를 옳다고 한 데에는 선교일치禪敎一致도 내포되었다. 오조나 육조의 말을 인용하면서 유심정토의 대의를 밝히면서도 근기가 낮은 사람들이 염불의 공부를 소홀히 하거나 외면해서는 안 된다고 하였다. 이런 점에서 《선가귀감》에서 제시하는 수행법은 종합적이고 통불교적이다.

아미타불阿彌陀佛은 극락세계의 교주로 보신불報身佛로 등장하는 부처님이다. 범어 아미타바Amitābha를 음사한 말로 영원한 생명이라는 뜻의 무량수無量壽로 번역하고 또는 한없는 광명이라는 뜻의 무량광無量光으로 번역하기도 한다. 이 아미타불을 염불하여 극락왕생을 발원하는 것을 정토신앙淨土信仰이라 한다. 아미타불을 의지하여 간절히 정토발원을 할 때 나무아미타불의 여섯 글자를 외면서 한다 하여 육자염불이라는 말이 생겼다.

오조는 중국 선종의 5대째 조사인 대만홍인大滿弘忍: 602~675 스님을 말한다. 기주蘄州의 황매현黃梅縣 출신으로 4조 도신道信의 법을 이어 황매현 쌍봉산에서 오래 교화하였다. 오조 밑에 육조혜능이 나와 선법을 크게 펴고 이후 오종칠가五宗七家의 선종이 번창하였다. 육조의 법문을 수록한 《육조단경》은 선 수행의 지침이 되는 유명한 선서禪書이다.

사십팔원四十八願은 아미타불이 과거세에 법장法藏 비구로 수행할 때 세자재왕불世自在王佛 앞에서 세웠다는 서원으로 극락세계의 이상理想을 48가지로 말한 것이다.

십념十念은 임종 시에 아미타불 염불을 열 번 하면 극락세계로 인도된다는 《아미타경》에 나오는 말로 염불공부를 대변하는 말로 쓰인다.

현교顯敎와 밀교密敎는 부처님의 가르침을 두 가지로 구분하여 하는 말로 현교란 중생의 근기에 맞춰 알아듣도록 이해시키는 차원에서 설해준 법문을 말하고, 밀교는 부처님이 깨달은 바의 진리를 은밀한 뜻을 숨겨 비밀스럽게 다라니(眞言) 같은 것을 설해 주는 것을 말한다.

참법懺法은 자기의 잘못을 뉘우치며 참회하는 법을 말한다. 여기에는 숙세의 업장을 참회하는 것도 속한다. 예로부터 참회산림을 하면서 특별히 실시해온 의식이 있었다. 양 무제 때 많이 행했던 〈자비도량참법〉, 수나라 때 천태지의天台智顗: 538~597 선사의 〈법화삼매참의〉 원나라 때 유행된 〈미타도량참법〉 등이다. 이 장에서는 미타참법을 말한다.

규봉은 규봉종밀圭峰宗密로 중국 불교사상 선교일치를 주장한 대표적인 스님이다. 어려서 유학을 배워 28세 때 과거 응시를 하기 위해 장안으로 가던 중 도중에서 수주도원遂州道圓 선사를 만나 출가하였다. 원각을 깊이 연구한 대가로 알려졌으며 또한 화엄종의 5조로 청량국사 징관의 법을 계승하였다. 저서로는 《원각경대소초》와 《화엄윤관》, 《선원제전집도서》 등이 있다.

마명馬鳴, Asvaghosa은 2세기 중엽 인도 쿠산왕조의 카니슈카왕의 신임을 받던 시인 출신의 스님으로 대승불교를 일으킨 인물이다. 협존자의 법을 이은 그는 서천 12대째의 조사이며 유명한 《대승기신론》의 저자이기도 하다.

용수龍樹, Nagarjuna는 생몰연대를 대략 150~250년으로 추증한다. 남인도 바라문 출신으로 마명과 함께 대승불교의 비조로 받들어지고 있다. 서천 14조인 조사로 《대지도론大智度論》, 《중론》, 《십이문론十二門論》 등 많은 대승 논서를 남겼고 특히 대승의 중관사상이 그로 인해 확립되었다.

혜원慧遠: 334~416은 동진東晉 때의 스님으로 도안道安의 제자였다. 산서성 안문雁門 출신으로 어려서부터 유학을 배우고 또 도교에도 정통하였다. 도안의 반야경 강설하는 법문을 듣고 깨달은 바 있어 동생 혜지慧持와 함께 출가하였다. 후에 여산廬山 동림사에서 백련결사를 결성하여 123명을 모아 염불 수행에 힘쓰게 하여 중국 정토종의 초조가 되었다. 그는 경전을 구하기 위해 제자들을 서역으로 파견하기도 하고 또 서역에서 들어온 서역 출신의 스님들과 교분을 맺어 경전을 유통시키는 데 공을 남기기도 했다. 남긴 저서로는 《법성론》 2권, 《대지도론요약》 20권, 《명보응론明報應論》, 《대승대의장大乘大義章》 등이 남아 전하며, 특히 출가사문은 왕족에게도 절을 하지 않는다는 《사문불배왕자론沙門不拜王者論》을 지어 사문의 위의威儀를 함부로 하지 말고 엄격히 가져야 함을 강조했다.

서암瑞巖은 생몰연대가 정확하지 않으나 당대의 스님으로 암두전활巖頭全豁: 828~887의 제자로 알려져 있다. 그는 항상 자신을 향해서 "주인공아!" 불러 놓고 스스로 "예" 하고 답한 뒤 "속지 말라"라고 말했다.

53장
경을 듣는 것 聽經

聽經은 有經耳之緣과 隨喜之福이라
청경 유경이지연   수희지복

幻軀는 有盡이나 實行은 不亡이니라
환구 유진   실행   불망

경을 들으면 귀를 스치는 인연과 따라 기뻐하는 복이 있게 된다. 허깨비 같은 몸은 다할 날이 있지만 실다운 수행은 없어지지 않는다.

此는 明智學은 如食金剛하여 勝施七寶이라 壽師云, 聞而不信이라
차   명지학   여식금강   승시칠보   수사운   문이불신

도 尙結佛種之因하고 學而不成이라도 猶蓋人天之福이라 하니라
   상결불종지인   학이불성   유개인천지복

이는, 지혜롭게 배우는 것은 금강석을 먹는 것과 같아서 칠보를 보시한 것보다 낫다는 뜻을 밝힌 것이다.

영명연수 선사가 말했다.

"듣고 믿지 않더라도 오히려 부처 종자의 인연이 맺어진 것이고 배워서 이루지 못하더라도 오히려 인간이나 천상의 복을 덮어놓은 것이 된다."

경전의 말씀을 듣는 것은 부처님 말씀을 전해 듣는 것이다. 부처님 말씀을 들으면 비록 이해하지를 못했다 하더라도 귀를 스쳐간 인연이 맺어진 것이며 또 경전을 들은 인연에서 복이 생긴다는 것이다. 사람이 맺는 불교와의 인연은 궁극적으로 깨달음의 인연으로 결부되어야 한다. 이 일은 결국 생사를 초월하는 것이므로 헛된 몸뚱이의 덧없음을 말하면서 실다운 수행이 있어야 함을 강조하였다.

금강을 먹는 것과 같다〔如食金剛〕는 것은 옛날 사람들이 몸속의 병을 없애기 위하여 때로 금이나 금강석을 작은 구슬처럼 만들어 먹으면 이것이 몸 밖으로 그대로 파손되지 않고 배설되어 나오는 것을 말한다. 이는 수행의 가치가 헛되지 않다는 것을 비유해 말하는 것으로 《화엄경》 경문 속에 나오는 말이다.

영명연수 선사는 송초宋初의 스님으로 천태덕소天台德韶: 891~972의 법을 이어 법안종의 3조가 된 스님이다. 선과 염불을 겸수하여 행도염불行道念佛을 하였으며 정토종에서도 제7조로 받들었다. 대부작《종경록》100권과《만선동귀집萬善同歸集》3권,《유심결唯心訣》등의 저서가 있다.

54장
경을 보는 것 看經

看經하되 若不向自己上하여 做工夫하면
간 경　　　약 불 향 자 기 상　　　　주 공 부

雖看盡萬藏이라도 猶無益也니라
수 간 진 만 장　　　　유 무 익 야

경을 보되 만약 자기 자신의 마음을 돌이켜 보는 공부를 하지 않으면 비록 팔만대장경을 다 보더라도 아무 이익이 없을 것이다.

此는 明愚學은 如春禽晝啼하고 秋蟲夜鳴이라 密師云, 識字看經이
차　　명 우 학　　여 춘 금 주 제　　　추 충 야 명　　　밀 사 운　 식 자 간 경

元不證悟요 銷文釋義가 唯熾貪瞋邪見이라 하니라
원 불 증 오　　소 문 석 의　　유 치 탐 진 사 견

이것은 어리석게 배우는 것은 봄새가 낮에 울고 가을벌레가 밤에 우는 것과 같다는 뜻을 밝힌 것이다.

규봉종밀 선사가 말했다.

"글자만 알고 경을 보는 것은 원래 깨달을 수 있는 것이 못되며, 글자나 새기고 뜻이나 풀이하는 것은 탐하고 화내는 그릇된 소견만 더 늘게 한다."

간경看經은 경전을 보는 것으로 경전에 설해진 말의 뜻을 음미하면서 마음을 반조返照하는 것이라야 참된 간경이 된다는 것이다. 봄날에 새가 울고 가을에 벌레가 운다는 것은 한갓 소리만 내는 것을 비웃는 말이다.

조선조 중기 청매인오青梅印悟: 1548~1623 선사의 〈십무익송十無益頌〉에 "마음을 반조返照하지 않으면 경을 보아도 소용없다(心不返照看經無益)"라는 말이 있다. 글만 따라 읽거나 문장만 해석하지 말고 자기 마음의 성품 자리를 경을 통해 비추어보아야 한다는 말이다.

청매의 〈십무익송〉은 다음의 열 가지이다.

❶ 마음을 반조하지 않으면 경을 보아도 소용없다(心不返照看經無益).
❷ 자성이 공한 줄 알지 못하면 좌선해도 소용없다(不達性空坐禪無益).
❸ 정법을 믿지 않으면 고행해도 소용없다(不信正法苦行無益).

❹ 아만을 꺾지 못하면 법을 배워도 소용없다〔不折我慢學法無益〕.

❺ 남의 스승이 될 덕이 없으면 중생을 교화해도 소용없다〔欠人師德濟衆無益〕.

❻ 안으로 진실한 덕이 없으면 밖으로 위의를 드러내도 소용없다〔內無實德外儀無益〕.

❼ 마음에 믿음이 가는 진실이 없으면 말 잘해도 소용없다〔心非信實巧言無益〕.

❽ 원인을 무시하고 결과만 바라면서 도를 구해봐야 소용없다〔輕因望果求道無益〕.

❾ 속에 든 것이 없으면서 아만을 부려봐야 소용없다〔心腹無識我慢無益〕.

❿ 평생 괴각을 부리면서 대중처소에 살아도 소용없다〔一生乖角處衆無益〕.

규봉스님의 말은 《선원제전집도서》에 나오는 말이다.

55장
도를 배움은 본래 자기 성품을
닦는 것 學本修性

學未至於道하고 衒耀見聞하여 徒以口舌辯利로
학 미 지 어 도　　　현 요 견 문　　　도 이 구 설 변 리

相勝者는 如厠屋에 塗丹雘이니라
상 승 자　　여 측 옥　　도 단 확

배움이 아직 도에 이르지 못하고 보고 들은 것으로 아는 체 자랑하고 한갓 입으로만 이익을 따져 서로 이기려는 자는 뒷간에 단청하는 격이니라.

別明末世愚學이라 學本修性이어늘 全習爲人하니 是誠何心哉아?
별 명 말 세 우 학　　학 본 수 성　　　전 습 위 인　　　시 성 하 심 재

달리 말세의 어리석게 배움을 밝혀주는 것이다. 도를 배우는 것은 자

기 성품을 닦는 것인데 온전히 남에게 보이기 위해 하니 이 무슨 마음에서인가?

도를 닦는 공부는 남을 의식하며 과시하려는 공부가 아니란 말이다. 이른바 공부에 상相이 붙거나 밖으로 겉치레하려는 태도가 수행하는 사람에게 있어서는 안 된다는 것이다. 현학적이거나 사변적인 꾸밈도 용납될 수 없다. 천진무구한 소박한 모습이 도인상道人像이다. 입으로만 선을 말하는 것을 구두선口頭禪이라 하지 않는가?

도道란 사람이 오가는 길을 의미하는 말이지만 동양의 유·불·선儒·佛·仙 삼교三敎에서 궁극적 진리 그 자체를 나타내는 말로 써 왔다. 유교에서는 사람이 행해야 할 규범 사물에 관한 가장 올바른 이해 방식을 가리키는 말로, 천지 만물의 근원 또는 현상을 지탱하는 형이상학적인 원리를 도라고 했다. 공자는 《논어》에서 "아침에 도를 들으면 저녁에 죽어도 좋다〔朝聞道夕死可矣〕" 하였다. 도가道家에서는 천지만물을 통합적으로 파악하는 근본 원리로 인위적인 것을 초월해 있는, 어떤 법칙과 질서로써 모든 대립을 극복하여 자연과 인간이 일체가 되는 항상 그대로인 상도常道를 말해 왔다. 노자의 《도덕경》에 "도를 도라 하면 항상 그대로의 도(常道)가 아니고 이름을 이름이라 하면 항상 그대로의 이름(常名)이 아니다[道可道非常道 名可名非常名]" 하였다.

불교에서는 깨달음을 도라 한다. 보통 각覺이라 하지만 이는 신역에서 나온 말이고 구역에서는 도道라 하였다. 범어 보디bodhi를 음사하여 보리菩提라 하고 보리심을 도심道心이라 번역하기도 했다.

56장
외전은 익히지 말라 不習外典

出家人이 習外典하면 如以刀割泥하여
출가인 습외전   여이도할니

泥無所用이요 而刀自傷焉이니라
이무소용   이도자상언

출가한 사람이 외전을 익히면 칼로 진흙을 베는 것과 같아서 흙은 소용이 없는데 칼만 상하게 된다.

門外長者子가 還入火宅中이로다
문외장자자   환입화택중

문밖의 장자의 아들이 도리어 불난 집 안으로 들어가는구나.

《선가귀감》에서는 서문에서부터 부처님 가르침에 충실해야 할 것을 강조하고 있다. "옛적의 부처를 배우던 사람들은 부처님 말씀이 아니면 하지 않았고 부처님 행동이 아니면 하지 않았다〔古之學佛者 非佛之言 不言 非佛之行 不行也〕"고 하면서 부처님 말씀에 의지해 오직 수행에만 힘쓸 것을 강조했는데 이 장에서도 경전을 떠나 외전 공부를 하지 말라고 하였다. 불교경전을 내전內典이라 하는 반면 불교경전을 제외한 유서儒書 등 사회 일반의 서적을 외전外典이라 한다.

출가인出家人이란 일반적으로 세속을 등지고 입산수도의 길에 들어선 스님들을 두고 하는 말이지만 엄격한 의미로 말하면 열반과 해탈의 출세간법을 추구하고자 발심한 사람들을 말한다. 출가입도出家入道라 하여 출가가 도에 들어가기 위한 것임을 말하기도 한다. 《심지관경心地觀經》에는 "은애의 집을 나와 보리의 도에 들어가는 것〔出恩愛之家而 進入菩提之道〕"이라 하였다. 범어 프라브라쟈pravrajya를 음사한 파폐니야波吠儞耶를 의역하면 그 뜻이 출가인데 번뇌에 얽매인 세속의 생활을 버리고 성자聖者의 생활에 들어가는 것을 말한다.

화택火宅은 《법화경》〈비유품〉에 나오는 말로 중생이 생사 윤회하는 세계를 불난 집에 비유한 말이다. 불난 집에서 위험한지도 모르고 놀던 아이들을 외출에서 돌아온 아버지인 장자長者가 사슴 수레, 양의 수레, 소의 수레를 준다고 달래 불난 집에서 나오게 하는 이야기가 있다. 이는 《법화경》에서 권교權敎인 삼승법문三乘法門을 회통會通하여 실교實敎인 일승법문一乘法門에 돌아가게 한 경의 대의를 비유한 이야기이다. 사슴 수레, 양의 수레, 소의 수레는 성문聲聞, 연각緣覺, 보살菩薩의 삼승법三乘法이고 대백우大白牛를 일불승一佛乘에 비유한 것이다.

57장
삼계를 벗어나 중생을 제도해야
出三界 度衆生

出家爲僧이 豈細事乎아! 非求安逸也며
출가위승   기세사호   비구안일야

非求溫飽也며 非求利名也이라
비구온포야   비구이명야

爲免生死也며 爲斷煩惱也며 爲續佛慧命也며
위면생사야   위단번뇌야   위속불혜명야

爲出三界度衆生也니라
위출삼계도중생야

출가하여 스님이 되는 것이 어찌 작은 일이겠는가! 편안함을 구하려는 것이 아니며, 배부름을 구하려는 것도 아니며, 명예와 이익을 구하려는 것도 아니다.
나고 죽음을 면하기 위한 것이며, 번뇌를 끊기 위한 것이며, 부처님의 혜명慧命을 이어서 삼계를 벗어나 중생을 제도하기 위한 것이다.

可謂衝天大丈夫로다
가 위 충 천 대 장 부

가히 하늘을 찌르는 대장부라 할 것이다.

출가의 본뜻을 밝히고 있다. 출가한 사람이 해야 할 본분을 일깨우면서 수행의 명분이 분명해야 한다는 점을 강조하고 있다.

삼계三界는 중생이 윤회하는 세계를 가리키는 말로 욕계欲界, 색계色界, 무색계無色界의 세 세계를 말한다. 욕계는 재욕財欲, 색욕色欲=性欲, 식욕食欲, 명예욕名譽欲, 수면욕睡眠欲 등 오욕五欲을 추구하는 세계로 탐욕이 많고 번뇌가 치성한 세계로 가장 어리석게 사는 중생세계이며, 색계는 욕심이 욕계보다는 적지만 성내는 버릇 등이 남아 있고 물질의 지배를 받고 사는 중생세계이다. 무색계는 색이 없는 세계로 탐욕과 물질의 지배를 벗어났으나 나에 대한 집착이 남아 있는 세계이다. 이 삼계설은 입체적 공간을 뜻하는 세계가 아니라 번뇌와 번뇌를 여의어 가는 정신세계의 수준을 공간적 상황으로 구분한 것으로 이해할 수 있다.

58장

무상의 불길이 세상을 태운다
無常之火 燒諸世間

佛云 無常之火가 燒諸世間이라 하시고
불운 무상지화 소제세간

又云, 衆生苦火가 四面俱焚이라 하시고
우운 중생고화 사면구분

又云, 諸煩惱賊이 常伺殺人이라 하시니
우운 제번뇌적 상사살인

道人은 宜自警悟하여 如救頭燃이니라
도인 의자경오 여구두연

부처님께서 말씀하시기를 "무상의 불길이 세상을 태운다" 하셨고 또 "중생들의 괴로움의 불길이 사방에서 한꺼번에 타고 있다" "온갖 번뇌의 도적이 항상 사람을 죽이려고 엿보고 있다" 하셨으니 도를 닦는 사람들은 마땅히 스스로 알아차려서 머리에 붙은 불을 끄듯 해야 할 것이다.

身有生老病死하고 界有成住壞空하고 心有生住異滅하니 此無常苦
신 유 생 로 병 사   계 유 성 주 괴 공   심 유 생 주 이 멸   차 무 상 고

火가 四面俱焚者也니라
화   사 면 구 분 자 야

몸은 태어나고, 늙고, 병들고, 죽는다. 세계는 이루어지고, 지속되고, 파괴되고, 없어져 버린다. 마음은 일어나고, 머물고, 변해지고, 사라져 버린다. 이것이 바로 무상과 괴로움의 불길이 사방에서 한꺼번에 타고 있는 것이다.

謹白參玄人하노니 光陰을 莫虛度하라
근 백 참 현 인   광 음   막 허 도

부디 도를 찾는 사람들이여!
세월을 헛되이 보내지 말라.

불교가 세상을 보는 관점은 무상無常과 고苦이다. 이것을 직시해야 발심이 제대로 되는 것이다. 세상을 덧없는 무상으로 볼 줄 알아야 하

고 인생의 고통을 직시할 줄 알아야 수행의 정신이 더욱 돈독해질 수 있다. 생生·노老·병病·사死나 성成·주住·괴壞·공空 그리고 생生·주住·이異·멸滅의 사상四相이 주기적으로 반복하여 시간의 진행을 따라 가는 것이 바로 무상의 소식이다. 무상의 불길, 고통의 불길이 사방에서 한꺼번에 번지고 있다는 것은 《법화경》의 화택火宅의 비유와 같은 말이다. 또 《법화경》에는 "삼계가 편안하지 못한 것이 마치 불타는 집과 같다〔三界無安 猶如火宅〕" 하였다.

무상無常은 범어 아니타Anitya를 번역한 말로 인연에 의해 일어난 일체 제법 곧 유위법有爲法이 어느 것도 상주불변하는 실체가 없고 생멸 변화하는 현상을 두고 하는 말이다. 이 무상과 고苦 그리고 무아無我가 불교의 근본 교의의 주축이 된다. 《중아함경》에는 "무상한 것은 괴로운 것이다〔無常卽苦〕" 했으며, 《열반경》에는 "모든 현상은 무상하여 생겼다 없어지는 법이다〔諸行無常 是生滅法〕" 하였다.
여구두연如救頭燃은 머리에 불이 붙은 사람이 곧바로 불을 꺼야 하듯이 어떤 일을 지체 없이 바로 해야 하는 것을 비유해 쓰는 말이다.
참현인參玄人이란 현묘한 이치를 참구하는 사람이라는 뜻으로 곧 참선 수행하는 사람을 가리키는 말이다.

59장
세상의 명리를 구하지 말라
莫求名利

貪世浮名하면 枉功勞形이요
탐세부명　　왕공노형

營求世利하면 業火加薪이니라
영구세리　　업화가신

세상의 뜬 이름을 탐하면 부질없이 몸만 괴롭히는 것이고, 세상의 잇속을 찾는 것은 업의 불길에 땔감을 보태는 격이다.

———

貪世浮名者는 有人詩에 云, 鴻飛天末迹留沙하고 人去黃泉名在
탐세부명자　유인시　운　홍비천말적유사　　　인거황천명재

家이라 營求世利者는 有人詩云採得百花成蜜後에 不知辛苦爲誰
가　　영구세리자　유인시운채득백화성밀후　　부지신고위수

213

諂고 **枉功勞形者**는 **鑿氷彫刻**이니 **不用之巧也**요 **業火加薪者**는 **麤**
첨   왕 공 노 형 자   착 빙 조 각   불 용 지 교 야   업 화 가 신 자   추

弊色香이 **致火之具也**이라
폐 색 향   치 화 지 구 야

세상의 뜬 이름을 탐한다는 것은 어떤 사람이 시에서 말했다.

    기러기 하늘 끝으로 날아갔는데
    모래 위에 발자국 남아 있고
    사람은 죽어 황천에 갔는데
    이름은 집안에 그대로 있네.

세상의 잇속만 찾는다는 것은 어떤 사람이 시에서 말했다.

    온갖 꽃을 찾아 꿀을 이룬 후에
    누굴 위해 고생했나 알 수가 없네.

쓸데없이 몸만 고생시킨다는 것은 얼음을 깨어 조각을 하는 격이니 소용없는 노력이란 말이요, 업의 불길에 땔감을 보탠다는 것은 거칠고 낡은 색깔과 냄새는 불을 내는 도구일 뿐이라는 말이다.

출가수행자의 자격은 세속의 명리를 버리는 데서부터 얻어진다. 출세간법을 구하려고 출가한 것이기 때문에 세속의 명리를 도모할 적에 이미 출가정신이 죽어버리는 것이다. 도심道心이 실종되면 출가의 의미는 사라지고 오히려 세속에서 짓는 나쁜 업만 더하게 되므로 업의 불길에 땔감을 보태는 격이다. "거칠고 낡은 색깔과 냄새는 불을 내는 도구일 뿐이다[麤弊色香 致火之具]"란 말은 《법화경》〈비유품〉에 나오는 말로 색·성·향·미·촉 등 외경에 탐착하다가 나중에 지옥불에 타는 고통을 받는 것에 비유해서 한 말이다.

'어떤 사람의 시'는 고래로 전해지는 작자 미상의 4구시에 이런 시가 전해진다.

    인생은 꼭 꽃의 가루를 채집하는 꿀벌과 같으니
    아침저녁 동서로 바쁘게 다니는구나.
    온갖 꽃의 가루를 채집, 꿀을 이룬 후는
    이제껏 수고한 것 한바탕 허탕이네.

    人生好似採花蜂　　인생호사채화봉
    朝暮東西也大怱　　조모동서야대총
    採得百花成蜜後　　채득백화성밀후

到頭辛苦一場空   도두신고일장공

또 중국 당말唐末의 풍자 시인 나은羅隱의 〈벌蜂〉이란 시에도 채득백화성밀후採得百花成蜜後란 구절이 나온다.

평지나 산꼭대기 가리지 않고
무한한 풍광을 다 점령하고서
온갖 꽃가루 모아와 꿀을 만든 후에는
고생은 누가 했고 단맛은 누가 보나?

不論平地與山尖   불론평지여산첨
無限風光盡被占   무한풍광진피점
採得百花成蜜後   채득백화성밀후
爲誰辛苦爲誰甛   위수신고위수첨

결국 벌이 꿀을 만들어 놓으면 사람이 따가 버리고 만다는 이야기이다. 꿀벌에게 있어서는 헛수고를 한 셈이다.

60장

명리납자는 초야에 묻혀 사는 사람만 못하다 名利衲子 不如草衣野人

名利衲子는 不如草衣野人이니라
명리납자   불여초의야인

명예와 이익을 탐하는 남자는 초야에 묻혀 사는 사람만 못하다.

唾金輪入雪山은 千世尊의 不易之軌則이니 末世羊質虎皮之輩가
타 금 륜 입 설 산   천 세 존   불 역 지 궤 칙   말 세 양 질 호 피 지 배

不識廉恥하고 望風隨勢하며 陰媚取寵하니 噫이라! 其懲也夫인저
불 식 염 치   망 풍 수 세   음 미 취 총   희   기 징 야 부

금륜왕위를 버리고 설산에 들어간 것은 모든 부처님들의 바뀌지 않는 법칙이거늘 말세에 양의 바탕에 호랑이 껍질을 쓴 무리가 염치도

모르고 바람을 일으키고 세력을 따라 잘 보여 총애만 얻으려 하니 슬프다! 언제 정신 차릴 것인가?

心染世利者는 阿附權門하여 趨走風塵타가 返取笑於俗人하나니 此
심 염 세 리 자　　아 부 권 문　　추 주 풍 진　　　반 취 소 어 속 인　　차

衲子以羊質로 證此多行이니라
납 자 이 양 질　　증 차 다 행

마음이 세상의 명리에 물든 사람은 권세의 문에 아부하다가 풍진에 휩쓸려 도리어 세속 사람들의 비웃음거리가 되고 만다. 이런 납자를 양의 바탕에 비유한 것은 그럴만한 행동의 증거가 있기 때문이다.

출가한 사람이 명예나 이익을 탐하는 것은 출가하지 않은 것만 못하다는 말이다. 출가자의 지조와 근본정신을 나타낸 말에 '송상결조 수월허금松霜潔操 水月虛襟'이란 말이 있다. '소나무에 내린 서리 같은 맑은 지조와 물속에 비친 달빛 같은 텅 빈 가슴'을 지니고 살아야 한다는 뜻이다. 서릿발 같은 지조와 물속의 달과 같은 텅 빈 가슴에 어찌 세속의 명리가 끼어들겠는가? 또 청풍납자淸風衲子나 운수도인雲水道人이라는 말도 있는데 맑은 바람에 휘날리는 누더기를 입고 사는 사

람, 구름처럼 물처럼 행각하면서 명리를 떠난 사람이라는 뜻이다. 출가수행자가 본분을 어기고 사치를 즐기고 명리를 좇는 것을 '개가 코끼리 가죽을 쓴 것 같다〔狗被象皮〕'고 하였다.

납자衲子는 누더기를 입고 있는 참선하는 수행자를 뜻하는 말로 검소한 생활을 한다는 뜻에서 부르는 말이다. 낡은 천을 주워 깨끗이 빨아 서로 기워 이어지게 해 만든 옷이라 해서 납이라 한다. 스님들이 입는 가사袈裟를 지칭한 것으로 분소의糞掃衣, 백납百衲이라 부르기도 한다.
금륜왕金輪王은 고대 인도에서 이상적인 군주를 전륜왕轉輪王이라 하는데 온 천하 사주세계四洲世界를 통일하는 가장 위대한 전륜왕을 금륜왕이라 한다. 또 천하를 통일해 통치하는 영역의 크기에 따라 은륜왕銀輪王, 동륜왕銅輪王, 철륜왕鐵輪王의 구별이 있다.

219

61장

말법 비구가 여래를 팔다
末法比丘 裨販如來

佛이 云하사대 云何賊人이 假我衣服하고
불 운 운하적인 가아의복

裨販如來하야 造種種業고 하니라
비판여래 조종종업

부처님께서 이르시기를 "어떻게 도적이 내 옷을 차려 입고 여래를 팔아서 가지가지 업을 짓는가?" 하셨다.

末法比丘가 有多般名字하니 或鳥鼠僧이며 或啞羊僧이며 或禿居
말법비구 유다반명자 혹조서승 혹아양승 혹독거

士며 或地獄滓며 或被袈裟賊이라 하나니 噫이라 其所以以此니라
사 혹지옥재 혹피가사적 희 기소이이차

말세에 비구를 부르는 여러 가지 이름이 있으니 혹 '박쥐중' 이라 하고 혹 '벙어리 염소중' 이라 하며 '머리 깎은 거사', '지옥찌꺼기', '가사 입은 도둑' 이라 하니 서글픈 일이지만 어쩌다가 이런 말이 나왔다.

禪販如來者는 撥因果·排罪福하며 沸騰身口하여 迭起愛憎하니 可
비 판 여 래 자   발 인 과   배 죄 복   비 등 신 구   질 기 애 증   가

謂愍也이라 避僧避俗曰 鳥鼠요 舌不說法曰 啞羊이요 僧形俗心曰
위 민 야   피 승 피 속 왈 조 서   설 불 설 법 왈 아 양   승 형 속 심 왈

禿居士요 罪重不遷曰 地獄滓요 賣佛營生曰 被袈裟賊이니 以被
독 거 사   죄 중 불 천 왈   지 옥 재   매 불 영 생 왈   피 가 사 적   이 피

袈裟賊으로 證此多名이니라
가 사 적   증 차 다 명

부처를 판다는 것은 인과를 부정하고 죄와 복도 없다 하는 것이다. 몸과 말로 짓는 업이 물이 끓듯 하며, 사랑과 미움을 쉴 새 없이 일으키니 참으로 가엾은 일이다. 중도 아니고 속도 아닌 체하는 이를 '박쥐중' 이라 하고 혀가 법을 설하지 못하는 것을 '벙어리 염소중' 이라 하며, 중의 모양에 속인의 마음을 쓰는 이를 '머리 깎은 거사' 라 하고, 지은 죄가 무거워 옴짝할 수 없는 이를 '지옥찌꺼기' 라 하며, 부처를 팔아 살아가는 자를 '가사 입은 도둑' 이라 한다. 가사 입은 도

둑이기 때문에 이처럼 많은 이름이 나온 것이다.

말법의 폐단을 신랄하게 비판하고 있다. 출가수행자가 수행 정신을 상실하고 부처를 팔아 잘못된 업을 짓는 것을 사례를 들어 경책하는 내용이다. 삼업이 청정하지 못하면 여래의 정법을 지키지 못한다. 인과를 부정하고, 증애심이 가득하며, 설법도 할 줄 모르고 겉으로만 출가자의 모습이고 마음이 속된 사람 등을 '박쥐중' '벙어리 염소' '지옥 찌꺼기' '거사' 라 지칭하면서 '가사 입은 도적' 이라 했다.
"어떻게 도적이 내 옷을 차려 입고 여래를 팔아서 가지가지 업을 짓는가?" 이 말은 《능엄경》에 나온다.

비구比丘는 범어 빅슈Bhiksu를 음사한 말이다. 한자로 필추苾蒭, 픽추煏蒭라 쓰기도 하며 걸사乞士라 번역하기도 한다. 출가 독신 수행자를 가리키며 남자로서 출가하여 걸식으로 생활하며 250가지의 구족계具足戒를 받아야 비구가 된다. 비구에게는 다섯 가지의 덕이 있다 하여 비구오덕比丘五德이라 한다.

① 포마怖魔 : 비구는 수행을 완성하여 열반하므로 마군魔軍을 두렵게 한다.

② 걸사乞士 : 위로는 부처님의 법을 빌어 지혜를 도우고 아래로는 밥을 빌어 몸을 기른다.
③ 정계淨戒 : 평생을 청정한 계를 지키며 산다.
④ 정명淨命 : 시주의 공양에 의지하여 욕심 없이 깨끗한 생활을 한다.
⑤ 파악破惡 : 계戒 · 정定 · 혜慧 삼학을 닦아 번뇌를 끊어 악을 없앤다.

가사袈裟는 불교의 스님들이 입는 법복으로 왼쪽 어깨에서 오른쪽 겨드랑이 밑으로 걸쳐 입는다. 범어 크사야kaṣāya를 음사한 말이며 원래 인도에서는 버려진 낡은 천을 기워 만든 옷이라 하여 분소의糞掃衣라 하였다. 그 외 이진복離塵服, 복전의福田衣, 연화복蓮花服, 인욕의忍辱衣, 해탈의解脫衣 등 여러 가지로 불렀다. 천의 폭의 치수를 두고 5조에서 25조까지 여러 등급이 있다.

62장

도의 눈을 밝혀야 必明道眼

於戱라 佛子야! 一衣·一食이 莫非農夫之血이요
어 희   불 자   일 의   일 식   막 비 농 부 지 혈

織女之苦어늘 道眼이 未明하고서 如何消得이리오
직 녀 지 고   도 안   미 명   여 하 소 득

슬프다! 불자여 밥 한 그릇 옷 한 벌이 농부의 피가 아닌 것이 없고 베 짜는 아낙의 고생 아닌 것이 없거늘 도의 눈을 밝히지 못하면 어떻게 소화시키겠는가?

傳燈에 一道人이 道眼이 未明故로 身爲木菌하여 以還信施하니라
전 등   일 도 인   도 안   미 명 고   신 위 목 균   이 환 신 시

《전등록》에 말하기를 한 수도인이 도의 눈을 밝히지 못한 탓으로 죽고 난 뒤 나무에 자란 버섯이 되어 시주의 은혜를 갚았다고 하였다.

시은을 지고 사는 수도자에게 무엇보다도 중요한 것은 도의 눈이 밝아야 한다는 점을 강조했다. 도를 깨치지 못하면 시주물을 소화할 능력이 없다 하였다. 시은만 지고 도를 이루지 못하면 다음 생에 그 은혜를 갚아야 할 때가 온다는 것이다. 불교에서는 네 가지 은혜를 갚아야 한다고 말한다. 네 가지 은혜란 부모의 은혜, 나라의 은혜, 이웃의 은혜, 삼보의 은혜라 하며 때로는 부모, 스승, 국왕, 시주의 은혜라 말하기도 한다. 출가자의 경우는 시주의 은혜이고 재가자의 경우는 삼보의 은혜라 할 수 있다.

불자는 부처님의 제자를 출가·재가를 통틀어 지칭하는 말이다. 《법화경》이나 《화엄경》에는 불자를 정의하여 "부처님의 입으로 태어나고 법에 의해 교화된 사람〔從佛口生 從法化生〕"이라 하였다. 부처님의 입으로 태어났다는 것은 부처님의 설법을 듣고 새로운 인격체로 탄생했다는 뜻이다. 또 《섭대승론석攝大乘論釋》에는 불자에게는 다섯 가지 뜻이 있다 하였다. 첫째 믿음이 씨앗이 되고, 둘째 지혜는 어머니가 되며, 셋째 선정은 태胎가 되고, 넷째 자비심은 유모가 되며, 다섯

째 부처님은 아버지가 된다 하였다.

전등傳燈은《전등록》이란 책이다. 중국의 당말唐末 송초宋初의 법안종 스님인 천태덕소天台德韶: 891~972의 제자인 승천도원承天道原, 생몰연대 미상이 송 진종眞宗 때인 경덕景德 원년1004년에 지은《선종사전서禪宗史傳書》이다. 30권으로 되어 있으며 양억楊億이 교정하여 세상에 유포하였다. 오가선종五家禪宗의 법맥 계승을 밝혀 놓은 책이다.

63장
헛되이 신도의 시주를 받는 자
虛受信施者

故로 曰 要識披毛戴角底麽아? 卽今虛受信施者是니라
고   왈 요식피모대각저마   즉금허수신시자시

有人이 未飢而食하며 未寒而衣하니 是誠何心哉아?
유인   미기이식   미한이의   시성하심재

都不思目前之樂이 便是身後之苦也니라
도불사목전지낙   편시신후지고야

그러므로 말하기를 "털을 쓰고 뿔을 인 짐승 몸을 받게 된 것이 왜 그렇게 되었는지 아는가? 지금 바로 올바른 수행 없이 헛되이 신도의 시주를 받기 때문이다" 하였다. 어떤 사람은 배가 고프지 않아도 먹고 춥지 않아도 옷을 입으니 진실로 무슨 마음에서 그렇게 하는가? 도무지 눈앞의 쾌락이 죽고 난 뒤의 괴로움이라는 것을 모르기 때문이다.

智論에 一道人이 五粒粟으로 受牛身하여 生償筋骨하고 死還皮肉이
지론   일도인   오립속   수우신   생상근골   사환피육

라 하니 虛受信施하면 報應이 如響하니라
       허수신시   보응   여향

《지도론》에 말하기를 "도를 닦던 한 사람이 다섯 낱알 좁쌀 때문에 소 몸을 받고서 살아서는 뼈가 휘어지도록 일을 해주고, 죽어서는 가죽과 살로써 빚을 갚았다" 하였으니 헛되이 신도의 시주만 받으면 그 과보의 결과가 골짜기에 울려오는 메아리와 같다.

예로부터 수행자를 경책하는 말에 '사람 몸을 잃지 않도록 하라'가 있다. 이는 금생에 사람 몸을 받아 한 생을 살았으나 수행이 잘못되어 나쁜 악업을 짓는 결과가 되면 다음 생에 악도에 가서 몸을 받게 되므로 금생처럼 사람 몸을 못 받는다는 것이다. '털을 쓰고 뿔을 인 짐승 몸을 받는다'라는 말은 송대 운문종의 선승 법창의우法昌倚遇, 1005~1081가 한 말로 다음 생에 축생의 과보를 받는다는 말이다. 이 장에서는 시은施恩을 무섭게 알라는 경책으로 수행자의 분발을 촉구하고 있다. 《치문緇門》에 시은을 질 때 쌀 한 알의 무게가 7근〔減割之重 一米七斤〕이라는 말도 있다.

지론智論은 용수가 지은 《대지도론大智度論》을 말한다. 《대품반야경》을 해석한 논서로 백 권에 달하는 대부작이다.

64장
함부로 시은을 지지 말라
不受信心人衣食

故로 曰 寧以熱鐵로 纏身이언정 不受信心人衣요
고 왈 영이열철 전신 불수신심인의

寧以洋銅灌口언정 不受信心人食이며
영이양동관구 불수신심인식

寧以鐵鑊投身이언정 不受信心人房舍等이라 하니라.
영이철확투신 불수신심인방사등

때문에 "차라리 뜨거운 철판을 몸에 두를지언정 신심 있는 사람이 주는 옷을 함부로 입지 말며, 차라리 쇳물을 마실지언정 신심 있는 사람이 주는 밥을 먹지 말며, 차라리 쇳물이 끓고 있는 가마솥에 뛰어들지언정 신심 있는 사람이 지어 주는 집에 살지 말라"고 한 것이다.

梵網經에 云, 不以破戒之身으로 受信心人의 種種供養과 及種種
범망경   운 불이파계지신   수신심인   종종공양   급종종

施物이니 菩薩이 若不發是願하면 則得輕垢罪이라 하니라
시물   보살   약불발시원   즉득경구죄

―――――

《범망경》에 이르기를 "파계한 몸으로 신심 있는 사람의 가지가지 공양과 온갖 시주한 물건을 받지 않겠다 해야 할 것이니 보살이 만약 이 원을 일으키지 않으면 경구죄를 범하게 된다" 하였다.

계를 지켜야 할 수행자가 파계하면 시은 받을 자격을 상실한다는 말이다. 차라리 지옥의 고통을 받을지언정 파계한 신분으로 시은 지는 것을 경계해야 한다.

《범망경》은 대승의 보살계를 설해 놓은 경이다. 원래 120권이나 되는 대경이 있었다 하나 현재 전해지는 것은 노사나불이 설했다는 〈보살심지법문품菩薩心地法門品〉이 상·하 두 권으로 출간되어 있다. 하권에 보살의 십중대계十重大戒와 48경구계輕垢戒가 설해져 있는데, 이

231

하권을 보살계본으로 사용해 현재 우리나라 큰 사찰에서 수계산림授戒山林을 하고 있다. 이 경은 대승계에 대하여 설한 경으로 율장에 속하지 않으면서도 대승의 계를 설하고 있다.

65장
시주 밥을 독약과 같이 여겨라
進食如進毒

故로 曰, 道人은 進食을 如進毒하며
고 왈 도인 진식   여진독

受施를 如受箭이니 幣厚言甘은 道人所畏니라
수시 여수전   폐후언감   도인소외

그러므로 "도를 닦는 사람은 음식을 먹을 때 독약을 먹는 것처럼 하고 시주 물건을 받을 때 화살을 받는 것처럼 하라" 하였다. 후한 대접과 달콤한 말은 도를 닦는 사람이 두려워해야 할 일이다.

進食을 如進毒者는 畏喪其道眼也요 受施를 如受箭者는 畏失其道
진식 여진독자   외상기도안야   수시 여수전자   외실기도

果也니라
과 야

음식 먹는 것을 독약 먹는 것처럼 하라는 것은 도의 눈을 잃을까 두려워해서이고 시주물 받는 것을 화살 받는 것과 같이 하라는 것은 도의 결실을 잃을까 두려워해서이다.

시주 밥을 독약과 같이 여긴다는 것은 수행을 잘못하면 시주의 밥을 소화하기 어렵다는 뜻이다. 시주 물건을 받는 것이 화살을 받는 것과 같다는 것은 수행 없이 잘못 받으면 결국 자신의 몸을 상하게 한다는 뜻이다. 사사공양四事供養이라 하여 시주물의 내용을 옛날에는 음식, 의복, 침구, 의약을 들어 말했다.

도안道眼은 도를 보는 눈이며 도과道果는 도를 깨닫는 것을 말한다.

66장
수도인은 숫돌과 같다
修道人如磨刀之石

故로 曰, 修道之人은 如一塊磨刀之石이니
고 왈 수도지인 여일괴마도지석

張三也來磨하며 李四也來磨하야 磨來磨去에
장삼야내마 이사야내마 마래마거

別人刀는 快하고 而自家石은 漸消라 然이나
별인도 쾌 이자가석 점소 연

有人은 更嫌他人이 不來我石上磨하나니
유인 갱혐타인 불래아석상마

實爲可惜이로다
실위가석

도를 닦는 사람은 한 개의 숫돌과 같아서 장 서방도 와서 갈고 이 서방도 와서 갈아, 갈고 가는 사람의 칼은 잘 들게 되지만 자신의 숫돌은 점점 닳아질 것이다. 그러나 어떤 사람들은 남이 와서 내 숫돌에 갈지 않는 것을 못마땅해 하니 실로 안타까운 일이다.

如此道人은 平生所向이 只在溫飽이라
여 차 도 인   평 생 소 향   지 재 온 포

이와 같은 수도인은 평생소원이 단지 배불리 먹고 따뜻하게 입는 데 있을 뿐이다.

수도인을 숫돌과 같다고 한 비유는 자수회심慈受懷深: 1077~1132의 어록에 나오는 말이다. 이 비유의 뜻은 수도자에게 공양을 올리는 신도의 시주물을 칼에 비유한 것이고 수도자 자신은 숫돌이라는 말이다. 신도가 공양을 올리는 것은 숫돌에 칼을 가는 것이고, 수도자는 감복減福이 되어 도행이 엷어지는 것이 칼을 갈므로 숫돌이 닳아지는 것과 같다. 따라서 함부로 시은을 져, 수도자 자신의 도행이 엷어지게 하는 일이 없도록 하라는 말이다.

장삼이사張三李四는 원래 장씨의 셋째 아들, 이씨의 넷째 아들이란 뜻으로 평범한 보통 사람을 가리킨다. 갑남을녀甲男乙女나 필부필부匹夫匹婦와 같은 말이다.

67장

가사 입고 사람 몸 잃어서야 되겠는가?
袈裟下失人身 是苦也

故로 古語에 亦有之曰 三途苦가 未是苦이라
고   고어   역유지왈 삼도고   미시고

袈裟下失人身이 始是苦也이라 하니라
가사하실인신   시시고야

옛말에 "악도의 고통이, 고통이 아니라 가사 입고 살던 사람이 사람 몸 잃어버리는 것이 돌이킬 수 없는 고통이다" 하였다.

故人이 云, 今生에 未明心하면 滴水이라 也難消이라 하니 此所以袈
고인 운 금생   미명심   적수   야난소   차소이가

裟下失人身也이라 佛子佛子야 憤之激之어다
사하실인신야   불자불자   분지격지

옛 사람이 말하기를 "금생에 마음을 밝히지 못하면 한 방울의 물도 소화해 낼 수 없다" 하였으니 이 말이 바로 가사 입고 살다가 사람 몸 잃어버리는 것이다.
불자여! 불자여! 분하게 생각하여 정신 차려야 한다.

중국 선종사에서 조동종曹洞宗을 연 동산양개洞山良价: 807~869 화상이 어떤 학인과 문답의 대화를 나눴다.
"이 세상에서 무엇이 가장 괴로운 것인가?"
"지옥의 고통이 가장 괴로운 것이 아닐까요?"
"아니다. 가사를 입고 대사大事를 밝히지 못하면 이것이 비로소 괴로운 것이다."
대사를 밝히지 못한다는 것은 도업을 이루지 못하는 것을 말한다.
"금생에 마음을 밝히지 못하면 물 한 방울도 소화하기 어렵다"는 말은 고려시대 야운野雲, 생몰연대 미상스님의 《자경문自警文》에 나오는 말이다.

사람 몸을 잃는다는 것은 죽은 다음, 지옥이나 아귀 또는 축생 등 악도에 빠져 다시 사람 몸을 받지 못한다는 뜻이다.

68장
숨 한 번에 은혜를 등지고 마는 것
一息背恩

咄哉이라 此身이여 九孔常流하고 百千癰疽가
돌 재　　차 신　　구 공 상 류　　백 천 옹 저

一片薄皮이라 又云, 革囊盛糞하야 膿血之聚가
일 편 박 피　　우 운 혁 낭 성 분　　농 혈 지 취

臭穢可鄙이라 無貪惜之온 何況百年을
취 예 가 비　　무 탐 석 지　　하 황 백 년

將養이나 一息背恩이리오
장 양　　일 식 배 은

안타깝다! 이 몸이여, 아홉 개의 구멍에서 늘 더러운 게 흘러나오고, 한 조각 얇은 가죽에 백천 가지 부스럼 덩어리구나. 가죽 주머니엔 똥을 담고 피고름 덩어리니, 냄새나고 더러워서 탐하고 아까울 것 없거늘 하물며 백 년을 길러본들 숨 한 번 쉬는 새에 은혜를 등지고 마는 것이랴.

上來諸業이 皆由此身이라 發聲叱咄은 深有警也이라 此身은 諸愛
상래제업   개유차신   발성질돌   심유경야   차신 제애

根本이니 了之虛妄則諸愛自除요 如其耽着則起無量過患이라 故로
근본   요지허망즉제애자제   여기탐착즉기무량과환   고

於此特明之하여 以開修道之眼也니라
어차특명지   이개수도지안야

위에서 말한 모든 업이 다 이 몸 때문에 생긴 것이니 소리쳐 꾸짖고 깊이 경책해야 한다. 이 몸은 애욕의 근본이니 허망한 줄 알면 온갖 애욕도 저절로 없어진다. 만약 탐착한다면 한량없는 허물과 근심이 일어나므로 여기서 특별히 밝혀 수도인의 눈을 뜨게 해주는 것이다.

四大無主故로 一爲假四寃이요 四大背恩故로 一爲養四蛇라 我不
사대무주고 일위가사원 사대배은고 일위양사사 아불

了虛妄故로 爲他人也하여 瞋之慢之하고 他人이 亦不了虛妄故로 爲
요허망고 위타인야 진지만지 타인 역불요허망고 위

我也하여 瞋之慢之하나니 若二鬼之爭一屍也이라 一屍之爲體也 一
아야 진지만지 약이귀지쟁일시야 일시지위체야 일

日泡聚요 一日夢聚요 一日苦聚요 一日糞聚니 非徒速朽이라 亦甚
왈포취 일왈몽취 일왈고취 일왈분취 비도속후 역심

鄙陋로다 上七孔은 常流涕唾하고 下二孔은 常流屎尿이라 故로 須十
二時中에 潔淨身器하여 以參衆數니라 凡行廳不淨者는 善神이 必背
去니라 因果經에 云 將不淨手하여 執經卷하거나 在佛前하여 涕唾者
는 必當獲厠蟲報이라 하니라 文殊經에 云 大小便時에 狀如木石하여
愼勿語言作聲하여 又勿畵壁書字하며 又勿吐痰入厠中하이라 又云
登厠하여 不洗淨者는 不得坐禪床하며 不得登寶殿하이라 하니라

네 가지 요소로 이루어진 몸이란 주인이 없는 것이므로 몸 하나가 네 가지 원수로 된 것이라 하고, 네 가지 원소가 서로 은혜를 배반하므로 하나의 몸이 네 마리 뱀을 기르는 것이라 한다. 내가 허망한 줄 알지 못하므로 다른 사람에게 화를 내고 업신여기며, 다른 사람이 허망한 줄 알지 못하기 때문에 내게 화를 내고 업신여기니 두 귀신이 한 송장을 두고 싸우는 것과 같다. 한 송장을 거품뭉치라 하고 꿈 덩어리, 고생바가지, 똥주머니라 하니 빨리 썩어버릴 뿐만 아니라 비루하기 짝이 없다. 위에 있는 일곱 구멍에서는 항상 눈물과 콧물이 흐르고 아래에 있는 두 구멍에서는 항상 똥오줌이 나온다. 그러므로 어느 때나 몸의 그릇을 깨끗이 해서 대중과 어울려야 한다. 행동이 거칠고

깨끗하지 못한 자는 선한 신장들이 등져 떠난다고 한다.

《인과경》에 이르기를 "더러운 손으로 경전을 만지거나 부처님 앞에서 침을 뱉는 사람은 반드시 뒷간벌레의 과보를 받는다" 하였고 《문수경》에는 "대소변을 볼 때에 목석과 같이 하여 말을 하거나 소리를 내지 말고, 벽에 낙서도 하지 말며, 가래도 뱉지 말라" 하였다. 또 이르기를 "뒷간에 다녀와서 깨끗이 손을 씻지 않고 선상에 앉지 말며 법당에 들어가지 말라" 하였다.

律 云 初入厠時 先須彈指三下 以警在穢之鬼 默誦神呪各七遍
율 운 초입측시 선수탄지삼하 이경재예지귀 묵송신주각칠편

初誦入厠呪曰 옴 하로다야 사바하 次誦洗淨呪曰 옴 하나마리
초송입측주왈   차송세정주왈

제 사바하 右手執瓶 左手(用無名指)洗之하되 淨水를 旋旋傾之하야
         우수집병 좌수 용무명지 세지   정수   선선경지

着實洗淨하고 次誦洗手呪曰 옴 주가라야 사바하 次誦去穢呪曰
착실세정   차송세수주왈   차송거예주왈

옴 시리혜 바혜 사바하 次誦淨身呪曰 옴 바아라 놔가닥 사바하
                    차송정신주왈

此五神呪는 有大威德하야 諸惡鬼神이 聞必拱手하나니 若不如法
차오신주 유대위덕   제악귀신   문필공수   약불여법

誦持則雖用七恒河水하야 洗至金剛際라도 亦得身器清淨이라 하시고
송지즉수용칠항하수   세지금강제   역부득기청정

又云, 洗淨엔 須用冷水하며 洗手엔 須用皁角이니라 又木屑灰泥도
우운 세정   수용랭수   세수   수용조각   우목설회니

亦通이니 若不用灰泥則濁水淋其手背하야 垢穢尙存이면 禮佛誦經
역통   약불용회니즉탁수임기수배   구예상존   예불송경

에 必得罪云云이라 하니 此登厠洗淨之法은 亦是 道人의 日用行實
   필득죄운운   차등측세정지법   역시 도인   일용행실

故로 略引經語하야 疊附于此이니라
고   약인경어   첩부우차

율문에 이르기를 "변소에 들어갈 때에 먼저 손가락을 세 번 퉁기어 뒷간 귀신을 일깨우고 속으로 주문을 각각 일곱 번씩 외운다. 처음 뒷간에 들어가서는 입치주「옴 하로다야 사바하」를 왼다. 다음 깨끗이 씻으면서 세정주「옴 하나마리제 사바하」를 왼다. 오른손에 물병을 잡고 왼손으로 항문을 씻되 깨끗한 물을 줄줄 쏟으며 다음 손을 씻으면서 세수주「옴 주가라야 사바하」를 왼다. 다음 다 씻고 나서 더러움을 제거하는 주문 거예주「옴 시리혜 바혜 사바하」를 왼다. 다음 몸을 깨끗이 하는 주문 정신주「옴 바아라 놔가닥 사바하」를 왼다. 이 다섯 가지 신주는 큰 위덕이 있어서 나쁜 귀신들이 들으면 해치지를 못한다. 만약 법답게 지녀 외지 아니하면 비록 일곱 항하의 물로 씻되 땅속에 있는 물까지 모두 다 쓰더라도 몸이 청정해지지 않는다. 또 이르기를 씻을 적엔 반드시 찬물을 써야 하며 손을 씻을 적에 조각 비누 대용으로 쓰는 쥐엄나무 껍질을 써야 하며, 톱밥이나 양잿물을 써도 된

다. 만약 양잿물을 사용하지 않으면 더러운 물이 손바닥에 방울져 남게 되어 예불을 하거나 경전을 독송할 적에 죄가 된다" 하였다.
이 뒷간에 갈 적에 씻어 깨끗이 하는 법은 도를 닦는 사람이 일상생활 속에 해야 할 일이므로 간략히 경전의 말을 인용하여 여기에 붙여 둔다.

숨 한 번에 은혜를 등지고 마는 것(一息背恩)이란 사람의 몸이 무상한 물건이란 말이다. 불교 초기 수행자들이 부정관不淨觀이란 관법을 닦았다고 알려져 있으며 또 사념처四念處에도 관신부정觀身不淨이 있다. 몸을 더러운 오물처럼 생각하라는 것이다. 출가수행자들이 무엇보다도 육체적 관능을 극복하기 위하여 몸을 더러운 것으로 관하게 하는 방법이다. 이 장에 와서 바로 부정관의 일단을 피력하면서 업을 짓는 근본이 몸임을 깨닫게 한다. 심지어 경전을 독송할 때 더러운 손으로 경전을 잡지 말 것과 뒷간에 들어가서도 몸을 깨끗이 하는 진언을 외라고 하였다. 수도자는 몸이 허망한 물건인 줄 알아야 하고 또 몸을 깨끗이 하려는 정신淨身을 생활화하여야 하며 이것이 곧 도를 닦는 눈이 뜨이는 것이라 하였다.

《인과경》은 《과거현재인과경》을 줄여서 부르는 말로 전생의 인연에서 현생의 과보가 오는 이치를 밝히고 있다. 부처님이 과거생에 선혜

선인으로 있다가 사바세계에 강림해 팔상성도八相成道를 보였다는 내용이 설해져 있다. 유송劉宋 때 구나발타라求那跋陀羅: 393~468가 번역하여 4권으로 되어 있다.

《문수경》은 대승 율부에 속한 경으로 《문수사리문경》을 약칭한 경이다. 양梁나라 때 승가바라僧伽婆羅: 479~524가 번역했고 2권 37품으로 되어 있다.

사대四大는 사람의 몸을 구성하는 네 가지 원소인 지地, 수水, 화火, 풍風을 가리키는 말이다.

69장
죄업이 있으면 참회해야 有罪卽懺悔

有罪卽懺悔하고 發業卽慙愧하면 有丈夫氣象이요
유 죄 즉 참 회   발 업 즉 참 괴   유 장 부 기 상

又改過自新하면 罪隨心滅이니라
우 개 과 자 신   죄 수 심 멸

죄업이 있으면 참회하고 잘못된 행위를 했을 적엔 부끄러워해야
장부의 기상이 있는 것이다. 또 허물을 고쳐 스스로 새롭게 하면
죄업이 마음 따라 없어지게 된다.

懺悔者는 懺其前愆이요 悔其後過이라 慙愧者는 慙責於內하고 愧
참 회 자   참 기 전 건   회 기 후 과   참 괴 자   참 책 어 내   괴

發於外나 然이나 心本空寂하니 罪業이 無寄니라
발 어 외   연   심 본 공 적   죄 업   무 기

참회라는 것은 지난 허물을 뉘우치고 나중에 다시 과실이 생기지 않도록 하는 것이다. 부끄러워한다는 것은 안으로 자신을 꾸짖고 밖으로 부끄러워함을 드러내는 것이다. 그러나 마음이 본래 비어 고요한 것이니 죄업이 붙어 있을 곳은 없다.

죄란 나쁜 업을 지은 것을 두고 하는 말이다. 일반적으로 죄업罪業이라 쓰기도 한다. 이 장에서는 죄업의 참회를 권한다. 참회는 범어 크샤마kṣāma를 음사하여 참이라 하고, 의역한 말인 회자를 붙여 참회라 한다. 인도말과 중국말을 합친 말이라 하여 화범쌍창華梵雙唱이라 말하기도 한다. 이 참회는 불교수행에서 매우 중요한 의미이다. 잘못된 업이 지어지면 그것이 삶에 장애를 가져오는 요인이 되어 어렵고 괴로운 일이 생긴다. 이를 업장業障이라 하는데 이 업장을 참회로 소멸할 수 있다. 참회는 곧 양심적 반성임과 동시에 이성적 자각인 것이다.

죄가 마음에 따라 소멸된다(罪隨心滅)는 말은 《천수경》에 나오는 참회게懺悔偈에 "죄는 자성이 없어 마음에서 일어나니 마음이 없어질 때 죄도 없어져, 죄도 없어지고 마음도 없어지면 이것이 바로 진정한 참

회이다〔罪無自性從心起 心若滅時罪亦亡 罪亡心滅兩俱空 是卽名爲眞懺悔〕"라 한 말처럼 마음에서 일어난 생각에 의해 업을 지으므로 근본 이치에서 보면 마음 밖에 죄가 없으며, 마음 또한 찾아지지 않는다. 그러므로 마음이 없으면 죄도 없다는 것이다.

70장

도인은 질박하고 곧음으로 근본을 삼아야 道人 以質直爲本

道人은 宜應端心하야 以質直爲本하야
도인   의응단심   이질직위본

一瓢一衲으로 旅泊無累니라
일표일납   여박무루

수도인은 의당 마음을 단정히 해서 질박하고 곧음으로 근본을 삼아야 한다. 표주박 하나와 누더기 한 벌이면 어디를 가도 거리낄 것이 없다.

佛云心如直絃이라 하시고 又云直心이 是道場이라 하시니 若不耽着
불운심여직현   우운직심   시도량   약불탐착

此身則必旅泊無累니라
차신즉필여박무루

부처님께서 말씀하시되 "마음은 곧은 줄과 같아야 한다" 하시고 또 이르시되 "곧은 마음이 곧 도량이라" 하셨다. 만약 몸에 탐착하지 않는다면 어디를 가도 거리낄 게 없을 것이다.

수도인은 우선 검소한 생활에서 수행정신을 나타내 보이는 것이다. 질직質直이란 겉으로 꾸밈이 없는 순수하고 정직한 태도를 일컫는 말이다. 겉치레를 하지 않는 검소하고 단출한 출가자의 구도행각을 나타내는 운수행각雲水行脚, 혹은 청풍납자淸風衲子는 이들이 소지한 것이 '표주박 하나와 누더기 한 벌'이라는 말이다.

질박하고 곧음으로 근본을 삼아야 한다는 말은 《유교경》에 나오며, 마음이 곧은 줄과 같아야 한다는 말은 《능엄경》에 나온다. 또 곧은 마음이 곧 도량이라는 말은 《유마경》에 나온다. 굽어진 마음 곧 속이는 마음으로는 도를 닦을 수 없다는 말이다.
도량이란 수행처를 가리키는 말인 도장道場의 장 자字를 원음대로 읽지 않고 '량'으로 읽어 도량이라 한다. 《화엄경》에 부처님이 정각을 이룬 곳을 보리도량菩提道場이라 하였는데 범어의 어원은 보디만다 bodhimaṇḍa이다.

71장
마음과 경계를 둘 다 잊어야 心境兩忘

凡夫는 取境하고 道人은 取心이니
범부　취경　　도인　취심

心境을 兩忘하야사 乃是眞法이니라
심경　양망　　　내시진법

범부는 경계를 취하려 하고 도를 닦는 사람은 마음만 취하려 하는데 마음과 경계 둘 다 잊어야 이것이 진실한 법이 된다.

取境者는 如鹿之趁空花也요 取心者는 如猿之捉水月也라 境心이
취경자　여녹지진공화야　　취심자　여원지착수월야　　경심

雖殊나 取病則一也라 此는 合論凡夫二乘이니라
수수　취병즉일야　　차　합론범부이승

경계를 취하는 것은 사슴이 공화를 쫓는 것과 같고, 마음을 취하는 것은 원숭이가 물속의 달을 잡으려는 것과 같다. 경계와 마음이 비록 다르나 병통이 되는 것은 마찬가지다. 이것은 범부와 이승의 폐단을 합쳐 논한 것이다.

天地尙空秦日月이요
천 지 상 공 진 일 월

山河不見漢君臣이로다
산 하 불 견 한 군 신

천지에 진나라 해와 달은 없고
산과 강에 한나라 군신도 보이지 않네.

경계를 취한다는 것은 바깥 경계인 객관적 현실에 집착하는 것을 말하고 마음을 취한다는 것은 주관 안에 일어나는 심리적 상황, 곧 정신적인 면에 치중하는 것을 말한다. 사실은 주관도 객관도 실체가 없는 것인데 범부는 바깥경계가 있다고 집착하고 이승들은 주로 마음이 있다는 생각에 빠져 수행한다. 그러므로 참된 수도인의 자세는 주객이 대립되는 분별의 세계를 벗어나야 한다는 말이다.

공화空花란 원래 눈병 난 사람의 눈에 아물거리는 헛것이 허공 속에 보이는 것을 말한다. 사슴이 공화를 쫓는다는 것은 《능가경》에 나오는 말로 목마른 사슴이 멀리 아지랑이가 햇빛에 반사된 것을 물인 줄 알고 달려가듯이 범부가 육진경계를 쫓아가는 것도 그와 같다.
원숭이가 물속의 달을 잡으려 한다는 말은 《현우경》에 나오는 말로 이 역시 어리석은 집착을 풍자하는 말이다.
예로부터 전해지는 게송이다.

> 달이 은하수 사이를 오가다가 보름달이 되어
> 하얀 얼굴로 빛을 펴 온 세상을 비추니
> 팔을 껴잡은 원숭이 부질없이 물속의 달을 건지려 하나
> 하늘에 뜬 달은 본래 물속으로 떨어진 게 아니네.

月磨銀漢轉成圓　　월마은한전성원
素面舒光照大千　　소면서광조대천
連臂山山空捉影　　연비산산공착영
孤輪本不落靑天　　고륜본불락청천

제3구의 산산山山은 원숭이의 별명이다.

72장
마음이 움직이면 귀신이 보인다
心動則見鬼

聲聞은 宴坐林中이나 被魔王捉하고
성문　연좌임중　　피마왕착

菩薩은 遊戱世間이나 外魔不覓이니라
보살　유희세간　　외마불멱

성문은 숲속에 가만히 앉아 있어도 마왕에게 붙들리고 보살은 세간에 노닐어도 외도와 마군이 보지 못한다.

聲聞은 取靜爲行故로 心動이요 心動則鬼見也라 菩薩은 性自空寂
성문　취정위행고　　심동　　심동즉귀견야　　보살　성자공적

故로 無迹이요 無迹則外魔不見이라 此는 合論二乘菩薩이니라
고　무적　　무적즉외마불견　　　차　합론이승보살

성문은 고요한 데 머무는 것으로 수행을 삼기 때문에 곧잘 마음이 움직이고, 마음이 움직이면 귀신이 보게 된다. 보살은 성품이 저절로 비어 고요한 것임을 알기 때문에 아무런 자취가 없다. 자취가 없으면 외도나 마군이 보지 못한다.
이것은 이승들의 수행 경계와 보살들의 수행 경계를 합쳐 논한 것이다.

三月懶遊花下路에 一家愁閉雨中門이로다
삼 월 나 유 화 하 로　　 일 가 수 폐 우 중 문

춘삼월 꽃길에서 마음 풀고 노니는데
어떤 집은 빗속에서 문을 닫고 있구나.

수행의 경계가 성문과 보살이 다른 점을 밝히고 있다. 성문은 소승의 수행자이고 보살은 대승의 수행자이다. 원래 성문聲聞이란 말은 부처님의 음성을 들은 제자들을 가리키는 말이었으나 후에 와서 연각緣覺과 함께 이승二乘이라 하여 소승의 수행자로 간주된 이들이다. 사성제의 이치를 듣고 깨달아 번뇌를 끊는 이를 성문이라 하고, 12인연의 이법을 홀로 깨달은 이들을 연각이라 한다.
마음이 움직인다는 것은 곧 경계를 의식하는 생각이 일어난다는 말이다. 아무리 고요한 데 처해 몸을 움직이지 않아도 마음이 움직이면 마군에 붙들리는 수가 있는 반면 아무리 몸을 움직이고 시끄러운 곳에 있어도 마음이 움직이지 않으면 자취가 없어져 마군이 보지 못한다는 것이다.

송의 꽃길에서 노니는 건 보살의 경계요, 빗속에 문 닫고 있는 것은 성문의 경계라 볼 수 있다.

성문聲聞은 범어 스라바카śrāvaka를 번역한 말로 사성제四聖諦를 듣고 번뇌를 끊어 해탈을 얻은 성자들이다. 이들의 수행기간이 7생 60겁이라 하며 이 기간 중에 사제四諦의 법을 닦아서 수다원, 사다함, 아나함, 아라한의 사과四果과정을 거쳐 열반을 얻는다. 이들의 수행은 자리에만 치중된 독선적 수행이라 하여 대승이 일어나고부터는 이들의 수행이 평가절하되었다.

보살菩薩은 대승의 전형적인 수행자상으로 범어 보디사트바Bodhisattva를 음사하여 보리살타라 하고 다시 이를 줄여 보살이라 한다. 이타원력을 갖추어 자리에 치중하지 않고 널리 많은 중생을 제도하려는 원력을 가진 이들이다.

송은 《전등록》 13권에 나오는 풍혈연소風穴延沼: 896~973 선사의 송이다.

73장

참 마음은 생사를 따르지 않는다
眞心不隨生死

凡人이 臨命終時에 但觀五蘊皆空하여
범인　　임명종시　　단관오온개공

四大無我하고 眞心은 無相하여 不去不來어다
사대무아　　　진심　무상　　　불거불래

生時에 性亦不生하며 死時에 性亦不去이라
생시　성역불생　　　사시　성역불거

湛然圓寂하여 心境이 一如이라 但能如是하여
담연원적　　　심경　일여　　　단능여시

直下頓了하면 不爲三世所拘繫니
직하돈요　　불위삼세소구계

便是出世自由人也이라 若見諸佛이라도
편시출세자유인야　　　　약견제불

無心隨去하고 若見地獄이라 無心怖畏하여
무심수거　　　약견지옥　　　무심포외

但自無心하면 同於法界니 此則是要節也이라
단자무심　　동어법계　　차즉시요절야

然則平常은 是因이요 臨終은 是果이라
연 즉 평 상   시 인   임 종   시 과

道人須着眼看하이라
도 인 수 착 안 간

범부인 사람이 임종을 할 때 다만 오온이 모두 공한 것이며 육체를 이룬 사대도 '나'라는 것이 없고 참된 마음은 형상이 없어서 가지도 않고 오지도 않는 줄을 관찰해야 한다. 태어날 때에도 성품은 나는 바가 없으며, 죽을 때에도 성품은 가는 것이 아니다. 맑고 고요하기만 해 주관과 객관이 하나일 뿐이다. 다만 이와 같이 관찰하여 단박에 알아버리면 과거, 현재, 미래의 삼세에 구애되어 매이지 않을 것이니, 이렇게 되면 바로 세상을 벗어난 자유인이라 할 수 있다. 부처를 보더라도 따라갈 마음 없고 지옥을 보더라도 무서울 게 없어야 한다. 다만 무심하기만 하면 법계 그대로니 이것이 가장 중요한 문제이다. 그러므로 평상시는 원인이 되고 임종 시는 결과가 되는 것이다. 모름지기 이 점을 주의해야 한다.

怕死老年에 親釋迦로다
파 사 노 년   친 석 가

죽음이 겁난 늘그막에 석가가 친해지네.

好向此時明自己하라 百年光影轉頭非로다
호 향 차 시 명 자 기   백 년 광 영 전 두 비

좋을 때에 자기를 밝혀라
백년 세월이 깜박하는 새에 틀려지니라.

공부인은 임종 시에 평생을 해온 공부의 결과가 나타난다 하였다. 평상의 생활은 인이요, 임종은 결과란 말이 이를 뜻한다. 사람의 참 마음의 성품은 나고 죽는 생사를 따르지 않는다는 것이 이 장의 대의이다. 오온이 모두 공하고 사대가 주인이 없다는 것을 관하고 나면 마음은 무심해져서 삼세의 업에서 벗어난다. 마음과 환경, 다시 말해 주관과 객관이 하나로 합일된 무심의 경지에서는 지옥의 두려움이나 불국토의 즐거움도 없다.

오온五蘊은 오음五陰 혹은 오취五聚라 하기도 한다. 색色, 수受, 상想, 행行, 식識의 다섯 가지를 말하는데 이는 인간을 구성하는 요소를 말하는 것임과 동시에 인간 주변의 현실 곧 세계를 구성하는 요소를 말하는 것이기도 하다. 색은 물질을 형성하는 요소를 말하고 수는 외부로부터 받는 인상이나 감각을 말한다. 상은 외부의 사물을 받아들이며 그 형상을 심리적으로 구상하는 지각이 일어나 표상되는 작용이다. 행은 심리작용이 움직여 의지가 만들어지는 작용이며, 식은 심리적 작용이 통합되면서 인식을 일으키는 것이다. 이 오온은 물질적 요소와 정신 작용을 함께 총칭하는 말이다.

법계法界는 범어 다르마다투dharmadhātu가 어원으로 우주 만유의 존재하는 전체를 지칭하는 말이 법이고, 계는 경계를 뜻하는 말로 존재의 범위를 일컫는 말이다. 물질적 정신적 현상 전체와 현상계現象界와 본체계本體界 모두를 가리키는 말이다.

죽음이 겁난 늘그막에 석가가 친해진다는 말은 송나라 때 소강절邵康節: 1011~1077의 글에 나온다. '求名少日慕宣聖 怕死老年親釋迦'라는 대구對句의 글귀가 전해지는데 "이름을 구하던 젊은 시절에는 공자선성을 사모하다가 죽음이 두려워진 노년에는 석가가 친해졌다"고 고백한 말이다.

74장

나귀의 태와 말의 배에 들어갈라
向驢胎馬腹

凡人이 臨命終時에 若一毫毛이라도
범인　　임명종시　　약일호모

凡聖情量이 不盡하고 思慮를 未忘하면
범성정량　　부진　　사려　　미망

向驢胎馬腹裡하야 托質하며 泥犁鑊湯中에
향려태마복리　　　탁질　　니리확탕중

煮爍하며 乃至依前再爲螻蟻蚊虻이니라
자잡　　내지의전재위루의문맹

범부인 사람이 임종할 때에 만약 털끝만치라도 범부다 성인이다 하는 생각이 남아 있으면 나귀의 태나 말의 뱃속에 들어가 몸을 의탁하는 수가 있으며 지옥의 끓는 가마 속에 삶기며 또는 개미나 모기 같은 벌레가 되기도 하느니라.

―――

白雲이 云 設使一毫毛의 凡聖情念이 淨盡이라도 亦未免入驢胎馬
백운   운 설사일호모   범성정념   정진   역미면입려태마

腹中하며 二見이 星飛하여 散入諸趣이라 하니라
복중   이견   성비   산입제취

백운선사가 말하기를 "설사 털끝만치의 범부다 성인이다 하는 생각이 깨끗이 없어졌다 하더라도 또한 나귀의 태나 말의 뱃속에 들어가는 것을 면하지 못한다" 하였다. 두 가지 견해가 번뜩이면 마음이 흩어져 여러 갈래의 윤회하는 길에 들어가게 된다.

烈火茫茫하고 寶劍이 當門이로다
열화망망   보검   당문

맹렬한 불이 훨훨 붙고
보검이 문 앞에 보이는구나.

此二節은 特開宗師無心合道門하여 權遮敎中의 念佛求生門이나 然
차이절   특개종사무심합도문   권차교중   염불구생문   연

이나 根器가 不同하고 志願이 亦異하니 各各如是이라 兩不相妨이니
　　근 기　　부 동　　지 원　　역 이　　　각 각 여 시　　양 불 상 방

願諸道者는 平常隨分하여 各自努力하여 最後刹那에 莫生疑悔하이라
원 제 도 자　　평 상 수 분　　　각 자 노 력　　최 후 찰 나　　막 생 의 회

이 두 구절은 특별히 종사의 무심히 도에 합하는 문을 열고, 염불하여 정토에 태어나기를 구하는 문을 방편으로 막아놓은 것이다. 그러나 사람마다 근성과 그릇됨이 같지 않고 입지와 원력이 각기 다르므로 각각 이렇지만 둘이 서로 방해되는 것은 아니다. 바라건대 도를 닦는 사람들은 평소에 자기 능력대로 각각 노력하여 마지막 찰나에 의심을 내거나 후회하지 말아야 한다.

수행자가 한 생애를 마치고 임종에 임했을 때 견문각지見聞覺知에 의한 식심의 파동이 남아 있어서는 안 된다는 말이다. 다시 말해 일체의 지견이 끊어져 무념의 경지에 들어가 있어야 후유신後有身을 받지 않는다. 나귀의 태나 말의 뱃속에 들어간다는 것은 축생의 몸을 받는다는 말이지만 때로는 업식이 망망하여 지옥에 가는 것도 면치 못한다. 송의 맹렬한 불꽃이 훨훨 타는 것은 업화業火를 말하고 보검은 반야를 증득한 지혜의 칼을 말한다.

무심합도문無心合道門은 생각의 분별이 끊어진 무심이 되었을 때 도에 계합된다는 말로 우두법융牛頭法融: 594~657 선사가 이를 주장하였다.

염불구생문念佛求生門은 아미타불을 염불하여 극락왕생을 기원하는 정토신앙을 이르는 말이나 종문宗門의 근본은 어디까지나 무심합도문에 있다는 점을 강조하여 범부다 성인이다 하는 양견兩見에 떨어지지 말 것을 거듭 일러주고, 그러면서도 개인의 근기에 따라서 염불구생문도 잘 닦으면 된다고 하였다.

백운白雲은 백운수단白雲守端: ?~1072 선사로 임제의 8세인 양기방회楊岐方會: 992~1049의 법을 이은 스님이다.
이견二見은 분별심에 의해 일어나는 상대적인 두 견해 즉 부처와 중생, 생사와 열반, 사랑과 미움 등 서로 상반된 두 가지 견해이다.
제취諸趣는 중생이 생사윤회를 거듭하면서 업을 지은 과보로 태어나게 되는 육도六道를 말한다.

75장

본지풍광을 밝혀야 本地風光 發明

禪學者는 本地風光을 若未發明則孤峭玄關을
선 학 자   본 지 풍 광   약 미 발 명 즉 고 초 현 관

擬從何透리오! 往往에 斷滅空으로 以爲禪하고
의 종 하 투   왕 왕   단 멸 공   이 위 선

無記空으로 以爲道하며 一切俱無로
무 기 공   이 위 도   일 체 구 무

以爲高見하나니 此 冥然頑空이라 受病幽矣니라
이 위 고 견   차 명 연 완 공   수 병 유 의

今天下之言禪者가 多坐在此病이니라
금 천 하 지 언 선 자   다 좌 재 차 병

선을 배우는 자가 본지풍광을 밝히지 못하면 외따로 높은 진리의 관문을 어떻게 꿰뚫을 수 있으리오! 이따금 아주 끊어 없애 버린 빈 것으로 선이라 하기도 하고 아무 생각이 없는 텅 빈 것으로 도를 삼기도 하며 일체를 모두 없다고 하는 것으로 고견을 삼기도

한다. 이런 것은 어두컴컴하게 빈 것이라 병이 깊이 든 것이다. 요즈음 천하에 선을 말하는 자들이 이 병에 걸려 있는 자가 많다.

向上一關은 措足無門이라 雲門이 云 光不透脫이면 有兩種病이요
향 상 일 관   조 족 무 문   운 문   운   광 불 투 탈   유 양 종 병

透過法身이라 亦有兩種病이니 須一一透得하야사 始得다
투 과 법 신   역 유 양 종 병   수 일 일 투 득   시 득

위로 올라가는 한 관문은 발 디딜 문이 없다. 운문선사가 말하기를 "빛을 꿰뚫지 못하는 데는 두 가지 병이 있고 법신을 꿰뚫었더라도 또 한두 가지 병이 있으니 모름지기 하나하나 꿰뚫어야 한다" 하였다.

不行芳草路하면 難至落花村이니라
불 행 방 초 로   난 지 낙 화 촌

우거진 풀밭 길을 지나지 않고는
꽃 지는 마을에 가기 어렵다.

선의 목적인 견성見性을 때로는 본지풍광을 밝힌다고 말한다. 이른바 본래의 자기 마음자리를 밝히는 것을 두고 하는 말이다. 본래면목本來面目이라고도 하는데 깨달음의 참 모습을 사람의 얼굴로 묘사한 말이다. 본지풍광을 밝히지 못하면 조사의 지위地位에 들어갈 수가 없으므로 발 디딜 곳을 찾을 수 없다.

간화선에서는 화두를 타파하는 것을 조사관문祖師關門을 뚫는다고 한다. 이 관문을 뚫기 위하여 오로지 화두에 매달려 깨달음으로 법칙을 삼는 것(以悟爲則)을 향상일관向上一關이라 한다. 위로 보리를 구하여 자리를 도모하는 것을 향상向上이라 하고 아래로 대비심으로 중생을 교화 제도하는 이타원력을 향하向下라 말한다.

본지풍광本地風光이란 말은 본래면목本來面目과 같은 뜻으로 쓰이는 선가의 관용어이다. 원래 본지란 불보살의 실상법신 자리를 지칭하는 말로, 만물이 대지를 의지하여 있는 것처럼 제법의 근본 입각지를 말한다. 풍광이란 풍경, 경치를 이르는 말로 심성의 참모습이 고스란히 드러난 것을 형용한 말이다.

단멸공斷滅空이란 일체를 부정하여 공하다는 쪽으로만 치우치는 그릇된 소견을 말한다. 이는 진공묘유眞空妙有의 이치를 모르고 오로지 색色 등을 부정하는 공空 일변도에 치우친 것이다.

무기공無記空이란 선도 악도 아닌 선악의 성이 없는 무기법을 공으로 보는 견해이다. 단멸공이나 무기공을 모두 악취공惡取空이라 한다.

운문雲門은 운문문언 선사로 중국선종 운문종의 개창자이다. 목주 진존숙에게 멱살을 붙잡히고 '말해보라'라는 질문을 받고 말을 못하자 문밖으로 내밀침을 당했는데 이때 발가락이 문에 치여 깨어진 순간 깨달음을 얻었다는 오도기연悟道機緣이 있다. 그의 어록 《운문광록雲門廣錄》이 남아 있는데 주해의 말은 그것에서 인용한 것이다.

76장
종사도 병이 많다 宗師亦有多病

宗師도 亦有多病하니 病在耳目者는
종사 역유다병   병재이목자

以瞠眉努目과 側耳點頭로 爲禪하며
이당미노목   측이점두   위선

病在口舌者는 以顚言倒語이라
병재구설자   이전언도어

胡唱亂喝로 爲禪하며 病在手足者는
호창난할   위선   병재수족자

以進前退後와 指東畵西로 爲禪하며
이진전퇴후   지동화서   위선

病在心腹者는 以窮玄究妙와 超情離見으로
병재심복자   이궁현구묘   초정이견

爲禪하나니 據實而論하면 無非是病이니라
위선   거실이론   무비시병

종사에게도 또한 병이 많다. 병이 귀와 눈에 있는 이는 눈썹을 치켜 올려 눈을 부릅뜨며, 귀를 기울이며 머리를 끄덕이는 것으로 선을 삼는다. 병이 입과 혀에 있는 이는 되지도 않는 말을 지껄이며, 함부로 '할'을 하는 것으로 선을 삼는다. 또 병이 손발에 있는 이는 나아갔다 물러갔다 이쪽저쪽을 가리키는 것으로 선을 삼으며, 병이 몸속에 있는 이는 그윽한 이치를 찾아내며 오묘한 것을 연구하고 인정을 뛰어넘고 소견을 여읜 것으로 선을 삼는다. 이런 것은 실제 그대로 말하자면 병 아닌 것이 없다.

殺父母者는 佛前懺悔어니와 謗般若者는 懺悔無路니라
살 부 모 자   불 전 참 회   방 반 야 자   참 회 무 로

부모를 죽인 자는 부처님 앞에 참회할 수 있지만 반야를 비방한 자는 참회의 길이 없다.

空中撮影이 非爲妙이라 物外追蹤 豈俊機리오
공 중 촬 영   비 위 묘   물 외 추 종   기 준 기

공중에서 그림자를 붙잡아도 별거 아닌데

세상 밖에 뛰는 것이 어찌 그리 대수인가?

선에서 학인을 지도하는 종사에게도 때로 병통이 있다. 대혜종고 선사의 《서장》에도 묵조선默照禪을 비판하면서 그릇된 스승들이 법을 설하는 것이 수없이 많다 하였다. 수행자가 결국 정법의 눈을 갖추지 못하면 헛된 공부가 되고 만다. 본주에서 말한 "부모를 죽인 자는 부처님 앞에 참회할 수 있지만 반야를 비방한 자는 참회할 길이 없다" 한 것이 이를 말한다. 반야가 바로 정법이다.

할喝은 선종禪宗의 선사禪師들이 법문을 할 때 쓰던 특별한 수단으로 '악!' 하고 고함소리를 내는 것을 '할' 이라 한다. 본래 음은 갈이지만 할로 읽어 왔다. 이 할을 처음 쓴 사람이 마조馬祖: 709~788선사였다 한다. 마조가 할을 한 번 하자 백장이 사흘 동안 귀가 먹었다는 이야기가 전해지며 나중에 임제종을 개창한 임제의현 선사가 할을 자주 하여 임제할이란 말이 나오기도 하였다. 덕산의 방망이로 사람을 때리던 '방棒' 과 더불어 선의 가풍을 나타내는 특별한 용어가 되었다. 반야般若는 보통 지혜智慧라 번역하는데, 지식이 분별지라면 지혜는 무분별지라고 설명하기도 한다.

77장

본분종사가 쓰는 법 本分宗師 全提此句

本分宗師의 全提此句는 如木人唱拍하며
본분종사 전제차구   여목인창박

紅爐點雪이요 亦如石火電光이니
홍로점설   역여석화전광

學者 實不可擬議也이라
학자 실불가의식야

故로 故人이 知師恩曰, 不重先師道德이요
고   고인   지사은왈   부중선사도덕

只重先師·不爲我說破이라 하니라
지중선사 불위아설파

본분종사가 온전히 들어 보이는 법은 나무 사람이 노래를 하며 박수를 치고 벌건 화로에 눈송이가 내려앉는 것 같고 또한 돌이 부딪쳐 나는 불과 번갯불과 같으니 공부하는 사람이 실로 생각으로 궁리하여 알 수 있는 것이 아니다. 그러므로 옛 사람이 스승의 은혜를 알고 나서 말하기를 "스님의 도덕을 소중하게 여기지 않고 다만 스님이 나를 위해 말해 주지 않은 것을 소중히 여긴다" 했다.

———

不道·不道하라 恐上紙墨이니라
부 도 부 도   공 상 지 묵

———

말하지 말라, 말하지 말라.
종이에 붓으로 쓸까 두려우니라.

箭穿江月影인데 須是射鵰人이니라
전 천 강 월 영   수 시 사 조 인

———

화살이 강에 뜬 달을 쏘아 맞추니
바로 수리 잡는 사람이구나.

조사관문을 뚫어 종통宗通을 얻은 이가 본분종사인데 이 종사들이 학인에게 보이는 선기禪機는 격외의 도리라 오랜 참구 끝에 활연히 깨닫는 것이지 생각으로 궁리하여 알아지는 것이 아니란 말이다. 특히 간화선 수행에서는 화두를 제시, 의단疑團을 모아 순일하게 참구해 나가는 것이 공부의 제일 조건이다. 언설에 의지한 지해의 경계에 떨어지지 않도록 주의를 당부하는 뜻에서 "나를 위해 말해주지 않은 것을 소중히 여긴다" 하였다.

목인木人은 나무로 만든 인형이나 등신 같은 것을 두고 하는 말로 선어록에 자주 등장하는 말이다. 《동산양개화상어록》에 '목인이 노래하고 석녀가 춤을 춘다木人方歌 石女起舞' 는 말이 나오고 《화엄경》〈보살문명품〉에도 기관목인機關木人이라는 말이 나온다. 이런 말들은 사량분별思量分別을 넘어선 경지를 비유하는 말로 쓰인다.

스승의 은혜에 대하여 '도덕을 소중히 여기는 것이 아니라 나에게 말해주지 않은 것을 소중히 여긴다' 는 말은 동산양개 화상이 스승 운암雲巖선사를 위해 재를 올리면서 한 말이다.

수리 잡는 사람[射鵰人]이란 활을 아주 잘 쏘는 사람을 가리키는 말로 사람의 근기가 특출함을 말한다.

78장
먼저 종파의 갈래부터 알아야 한다
先須詳辨宗途

大抵學者는 先須詳辨宗途니 昔에 馬祖一喝也에
대저학자 선수상변종도   석   마조일할야

百丈은 耳聾하고 黃蘗은 吐舌하니 這一喝이
백장   이롱   황벽   토설   저일할

便是拈花消息이며 亦是達摩初來底面目이라
편시염화소식   역시달마초래저면목

吁이라! 此臨濟宗之淵源이니라
우   차임제종지연원

무릇 공부를 하는 사람들은 먼저 모름지기 종파의 갈래부터 알아야 한다. 옛적에 마조스님이 '할'을 한 번 함에 백장스님은 귀가 먹었고 황벽스님은 혀가 빠졌다. 이 '할' 하나가 바로 부처님께서 연꽃을 들어 보인 소식이며, 또한 달마대사가 처음 온 면목이다. 아! 이것이 바로 임제종의 연원이 된 것이다.

識法者懼이라 和聲便打어다
식 법 자 구   화 성 변 타

법을 아는 자가 두렵다.
헛소리 하면 갈겨버려라.

杖子一技無節目인데 慇懃分付夜行人이로다
장 자 일 기 무 절 목   은 근 분 부 야 행 인

마디 없는 주장자 하나를
은근히 밤길 가는 이에게 건네주는구나.

昔에 馬祖一喝也에 百丈은 得大機하고 黃蘗은 得大用하니 大機者는
석   마 조 일 할 야   백 장   득 대 기   황 벽   득 대 용   대 기 자

圓應으로 爲義하고 大用者는 直截로 爲義이라 事見傳燈錄하니라
원 응   위 의   대 용 자   직 절   위 의   사 견 전 등 록

옛적에 마조스님께서 '할'을 한 번 함에 백장스님은 대기大機를 얻었

고 황벽스님은 대용大用을 얻었다. 대기란 원만하게 응해지는 것이고 대용이란 바로 끊어버리는 것을 말한다. 《전등록》에 이 사실이 실려 있다.

종파의 갈래를 알아야 하는 것은 종파에 따른 종지의 차이와 가풍家風의 차이가 있기 때문이다.
선의 기원을 삼처전심三處傳心에서 찾는 것이 일반적인 견해다. 영산회상靈山會上의 염화시중拈花示衆과 다자탑전多子搭前의 분반좌分半座, 그리고 곽시쌍부槨示雙趺에서 부처님이 가섭존자에게 심인心印을 전했다는 것이다. 마조의 할喝에 백장이 귀가 먹고 황벽이 혀가 빠졌다는 선의 일화를 들어 이것이 염화시중과 같은 소식이라 하였다. 달마대사가 처음 온 면목이라는 말도 선의 단적인 핵심 뜻을 의미하는 말이다. "조사가 서쪽에서 온 뜻이 무엇입니까?〔如何是祖師西來意〕"라는 말과 같은 뜻이다. 이 말은 선을 참구參究하는 공안의 하나이다.

대기大機는 근본을 깨달은 경지 그 자체를 일컫는 말이고 대용大用은 깨달은 경지를 그대로 밖으로 드러내 활발하게 작용하여 발휘하는 것을 일컫는 말이다. 본분에 계합되어 모든 언행이 상황에 따라 적절하게 발휘되는 것을 두고 대기대용이라 하여 왔으며, 일반적으로 마조로부터 임제에 이르러 이 선풍이 완성되었다고 보고 있다.

마조馬祖는 마조도일馬祖道一: 709~788 선사로 남악회양南嶽懷讓: 677~744 선사의 법을 이었다. 어느 날 법당 앞에 앉아 좌선을 하고 있었는데, 스승인 회양선사가 지나가다가 보고 무엇하느냐고 물었다. 좌선한다고 대답하자 좌선을 왜 하느냐고 다시 물었다. 이에 부처가 되려고 좌선한다 했다. 이튿날 회양선사가 마조가 좌선하고 있는 앞에 와서 기와 조각을 갈고 있었다. 궁금증이 일어난 마조가 스승에게 왜 기와 조각을 가느냐고 물었다. 그러자 회양선사가 거울을 만들려고 간다는 것이었다. 이 말을 들은 마조가 어이없다는 듯 "기왓장을 갈아 어떻게 거울을 만듭니까?" 하자 "누구는 앉아서 부처 된다 하지 않았는가?" 하는 것이었다. 이 말에 마조가 알아차린 것이 있어 "그러면 스님 어떻게 해야 합니까?" 하고 또 물었다. 이때 회양선사가 "소가 끄는 수레가 가지 않을 때 수레를 때려야 하는가? 소를 때려야 하는가?" 하고 물었다. 이 말 끝에 마조가 깨달음을 얻었다.

백장百丈은 백장회해百丈懷海: 749~814로 마조의 제자이다. 어려서 출가한 그는 마조의 시자가 되었다. 한 번은 스승을 모시고 길을 가게 되었는데 물오리 떼가 울고 가는 것을 보고 마조가 물었다. "저게 무슨 소리냐?" "물오리 소리입니다." 얼마를 더 가다 다시 물었다. "아까 물오리 소리가 어디로 갔느냐?" "날아가 버렸습니다." 이렇게 말하자 마조가 갑자기 백장의 코를 잡아 비틀었다. 백장이 아파서 "아야!" 하고 소리를 지르자 "그래도 날아갔다고 할 테냐?" 하는 말끝에 깨달음을 얻었다.

황벽黃檗은 황벽희운黃檗希運: ?~850으로 정승 배휴가 그를 관청에 청하여 법문을 듣고 내용을 메모해 두었다가 후에 발간한 《전심법요傳心法要》가 있다. 임제가 황벽으로부터 법을 물으려다 세 번에 걸쳐 매를 맞았다는 삼도피타三度被打의 이야기가 전해진다.

79장
선종의 5종 祖師宗途 有五

大凡祖師宗途가 有五하니 曰臨濟宗 曰曹洞宗
대 범 조 사 종 도　　유 오　　　왈 임 제 종　왈 조 동 종

曰雲門宗 曰潙仰宗 曰法眼宗이라
왈 운 문 종　왈 위 앙 종　왈 법 안 종

조사의 종파가 다섯 가지가 있다. 임제종, 조동종, 운문종, 위앙종, 법안종이 그것이다.

1) 五宗法脈 5종의 법맥
　　　오 종 법 맥

臨濟宗
임 제 종

本師釋迦佛로 至三十三世六祖慧能大師下 直傳하니 曰南嶽懷讓
본 사 석 가 불　지 삼 십 삼 세 육 조 혜 능 대 사 하　직 전　　왈 남 악 회 양

曰馬祖道一　曰百杖懷海　曰黃蘗希運　曰臨濟義玄　曰興化存獎
왈 마 조 도 일　왈 백 장 회 해　왈 황 벽 희 운　왈 임 제 의 현　왈 홍 화 존 장

曰南院道顒　曰風穴延沼　曰首山省念　曰汾陽善昭　曰慈明楚圓
왈 남 원 도 옹　왈 풍 혈 연 소　왈 수 산 성 념　왈 분 양 선 소　왈 자 명 초 원

曰楊岐方會　曰白雲守端　曰五祖法演　曰圓悟克勤　曰徑山宗杲
왈 양 기 방 회　왈 백 운 수 단　왈 오 조 법 연　왈 원 오 극 근　왈 경 산 종 고

禪師等이라
선 사 등

임제종

본사 석가모니부처님으로부터 33세인 육조혜능 대사 밑에서 바로 전해졌으니 남악회양, 마조도일, 백장회해, 황벽희운, 임제의현, 흥화존장, 남원도옹, 풍혈연소, 수산성념, 분양선소, 자명초원, 양기방회, 백운수단, 오조법연, 원오극근, 경산종고 선사 등이다.

33세는 선종의 법맥 계승의 계보를 인도에서의 28조와 중국의 6조를 합하여 일컫는 말이다.
《전등록》에 의하면 33세의 계보는 다음과 같다.

1. 마하가섭摩訶迦葉　　2. 아난타阿難陀
3. 상나화수商那和修　　4. 우바국다優婆鞠多

5. 제다가提多迦
6. 미차가彌遮迦
7. 바수밀다婆須密多
8. 불타난제佛陀難提
9. 복타밀다伏馱密多
10. 협존자脇尊者
11. 부나야사富那夜奢
12. 마명존자馬鳴尊者
13. 가비마라迦毘摩羅
14. 용수존자龍樹尊者
15. 가나제바迦那提婆
16. 라후라다羅睺羅多
17. 승가난제僧伽難提
18. 가야사다迦耶舍多
19. 구마라다鳩摩羅多
20. 사야다奢夜多
21. 바수반두婆修盤頭
22. 마나라摩拏羅
23. 학륵나鶴勒那
24. 사자존자師子尊者
25. 바사사다婆舍斯多
26. 불여밀다不如密多
27. 반야다라般若多羅
28. 보리달마菩提達磨
29. 대조혜가大祖慧可
30. 감지승찬鑑智僧璨
31. 대의도신大醫道信
32. 대만홍인大滿弘忍
33. 대감혜능大鑑慧能

육조 혜능대사에게 5대 제자가 있었다. 그중 남악회양과 청원행사가 뒤에 선의 종파를 형성하게 한 제자였고, 그 외 영가진각永嘉眞覺: ?~713과 남양혜충南陽慧忠: ?~775 그리고 하택신회荷澤神會: 670~762가 있었다.

임제종 계보 스님

① 남악회양南嶽懷讓: 677~744 : 육조의 법을 이은 적손嫡孫으로 8년간 육조에게 참학한 후 법을 잇고 남악의 반야사에 머물다 나중에 마조도일에게 법을 전했다. 청원행사와 더불어 육조의 수제자로 꼽힌 2대 제자라 할 수 있다. 처음 육조를 찾아 갔을 때 "무슨 물건이 이렇게 왔는가?[甚麽物 恁麽來]"하는 물음에 대답을 못하고 8년을 시중한 뒤 나중에 깨달아 육조로부터 인가를 받았다.

② 마조도일馬祖道一 : 78장 주에서 설명

③ 백장회해百丈懷海 : 78장 주에서 설명

④ 황벽희운黃蘗希運 : 78장 주에서 설명

⑤ 임제의현臨濟義玄: ?~867 : 황벽의 법을 이어 임제종을 연 스님으로 황벽으로부터 세 차례에 걸쳐 방망이를 맞고 고안대우高安大愚 회상한테 가 깨달음을 얻은 후 황벽회상으로 다시 돌아와 인가를 받고 법을 이었다. 황벽은 임제에게 선판禪板과 궤안几案을 주고 인가를 내렸다. 그 후 여러 선림의 노사들을 방문하며 제방을 유력하다 하북성 정정현의 호타강滹陀江 강변의 작은 원에 머물게 된 인연으로 임제원이라 불려진 게 임제라는 호가 되었다. 임제가 한창 선풍을 드날리며 교화를 펼 때 진주보화鎭州普化나 마곡보철麻谷寶徹 등이 그의 교화를 도운 것으로 알려졌다.

⑥ 흥화존장興化存奬: ?~925 : 임제의 회상에서 시자로 있다 뒤에 삼성三聖의 회상으로 가 수좌가 되어 지냈다. 후에 다시 대각의 회상에 가 깨달음을 얻고 흥화사에서 개당開堂하여 향을 피워 들고 말하기를

"삼성스님은 나에게 너무 무정하였고, 대각스님은 너무 사정을 보아주었다. 그러므로 돌아가신 임제스님에게 공양 올린다" 하고 임제의 법을 이었다. 장종莊宗이 그에게 귀의하였으며, 입적한 뒤 광제廣濟선사라는 시호를 내렸다.

⑦ 남원도옹南院道顒: 860~930 : 흥화존장의 법을 이어 여주의 남원에서 법을 펴 교화하였다. 혜옹慧顒이라 기록된 곳도 있으며 풍혈연소에게 법을 전했다.

⑧ 풍혈연소風穴延沼: 896~973 : 유학자로 있다 출가한 스님으로 처음 천태의 지관止觀을 닦다 남원을 만나 깨달음을 얻고 그의 법을 이었다. 여주汝州의 풍혈사에서 법을 펴고 교화하다 어느 날 울음을 터뜨리며 대성통곡을 했다. 대중이 깜짝 놀라 그 까닭을 물었더니 "임제의 법이 내게 와서 끊어지려 한다" 하였다. 법을 이어 줄 사람이 없다는 뜻에서 한 말이었다. 이때 평소에 《법화경》을 열심히 지송하던 염법화念法華라는 별명을 가지고 있던 수산성념이 "저 같은 사람도 스님의 법을 전해 받을 수 있겠습니까?" 하고 물었다. 풍혈이 다시 "자네는 법화경에 걸려 있어 곤란하네" 하였다. 수산이 "법화경을 버리면 되겠습니까?" 하고 물은 뒤 참선에 몰두하다 마침내 깨달음을 얻고 풍혈의 법을 이었다.

⑨ 수산성념首山省念: 926~993 : 어려서 출가하여 《법화경》을 열심히 수지 독송하였기 때문에 '염법화' 라는 별명을 얻었다. 뒤에 풍혈 회상에 가서 공부를 하게 되었는데 어느 날 풍혈이 상단 설법을 하면서 대중에게 물었다.

"세존께서 푸른 눈으로 가섭을 돌아보신 것을 어떻게 생각하는가?

만약 말씀 없이 말씀하신 것으로만 본다면 이는 부처님을 매장하는 것이다"고 말하는 것을 듣고 크게 깨쳤다. 그리하여 풍혈의 법을 이어 수산에서 개당開堂하여 법을 펴 천하에 명성을 떨쳤다.

어느 날 그가 죽비를 들고 말했다. "이것을 죽비라 하면 부딪치고, 죽비가 아니라 하면 등진다. 말해 보시오, 무엇이라 해야 되겠소?" 이를 수산의 배촉관背觸關이라 한다.

⑩ 분양선소汾陽善昭: 947~1024 : 출가한 후 제방을 순력하며 수많은 선지식을 찾아다녀 무려 71인의 스님을 찾아뵈었다고 알려져 있다. 그러다가 나중에 수산성념 선사의 상당법문上堂法門을 듣다 홀연히 깨달아 그의 법을 이었다. 수산의 법문 중에 "코끼리가 다니는 곳에 여우는 발을 못 붙인다〔象王行處絶狐蹤〕"는 말을 듣는 순간 크게 깨달았다. 그가 남긴 저서로는《분주무덕선사어록汾州無德禪師語錄》3권이 있다.

⑪ 자명초원慈明楚圓: 987~1040 : 분양선소의 회상에 가 공부를 하는데 분양이 늘 거친 말을 하면서 제대로 법을 설해 주지 않아 한 번은 자명이 분양에게 법다운 법을 설해 달라 청했더니 벌컥 화를 내면서 "네가 나를 비방하느냐?"고 쫓아내었다. 자명이 무어라 말을 하려 하자 분양이 손으로 자명의 입을 틀어막는 순간 크게 깨쳤다. 그리하여 분양의 법을 잇게 되었다. 그의 제자에 황룡혜남과 양기방회가 나와 황룡파와 양기파를 이루어 선풍을 크게 일으켰다.

⑫ 양기방회楊岐方會: 992~1049 : 자명초원의 회상에서 감원의 소임을 맡아 지내다 깨달음을 얻은 후 양기산에 들어가 법을 펴다 또 운개산으로 옮겨 법을 폈다. 그의 법어를 정리한《양기어록》2권이 전해진다.

⑬ 백운수단白雲守端: 1025~1072 : 양기방회의 법을 이어 서주徐州 백운

사에서 법을 폈다. 어록인 《백운수단선사광록》이 있다.
⑭ **오조법연**五祖法演: 1024~1104 : 35세의 늦은 나이에 출가하여 처음 유식학을 배우다 백운의 회상에 가 선을 참구하였다. 어느 날 백운에게 어떤 스님이 '마니주' 화두에 대한 법을 묻다 꾸중을 듣는 소리를 듣고 깨달음을 얻어 게송을 지었다.

산 밑에 한 마지기 묵은 밭이여
손 모아 어르신께 여쭙나이다.
몇 번이나 팔았다 다시 사셨습니까?
솔바람 댓잎소리 못내 그리웠지요.

山前一片閑田地　　산전일편한전지
叉手叮嚀問祖翁　　차수정녕문조옹
幾度賣來還自買　　기도매래환자매
爲隣松竹引淸風　　위린송죽인청풍

오조의 이 송은 매우 격조 높은 선시禪詩로 평가 받는다.
'마니주' 화두란 사조師祖라는 스님이 남전南泉에게 물은 것이다.
"마니주를 세상 사람들이 모르는데 여래장如來藏 속에서 찾는다 하니 어떤 것이 여래장입니까?"
남전이 대답했다.
"내가 그대와 함께 다니는 것이다."
"가지도 않고 오지도 않을 때는 무엇입니까?"

"그것도 또한 그것이지."

"마니주는 어떤 것입니까?"

"가게나. 그대가 내 말을 못 알아듣는군."

이 말에 사조가 깨쳤다고 전해진다.

오조법연의 밑에 삼불三佛로 알려진 불안청원佛眼淸遠, 불감혜근佛鑑慧懃, 원오극근이 나왔다. 원오를 불과佛果라 불렀다.

⑮ 원오극근圓悟克勤: 1063~1135 : 유교의 집안에서 출가한 원오선사는 처음 경전을 보다 환희심이 나 전생부터 자신이 불연이 깊어 출가했다고 생각했다. 처음 교학을 배우다 선사들을 찾아다녔다. 한번은 오조법연에게 가 있었는데 어느 스님이 "부처가 어디서 나왔습니까?" 하고 묻자 원오가 말하기를 "바람이 불어오니 전각殿閣이 시원하구나"하는 말을 듣고 깨달음을 얻었다. 오조의 법을 이어 여러 곳에서 법을 펴 교화하였다. 무진거사無盡居士 장상영張商英의 청으로 영천선원靈泉禪院에 있을 때 설두중현雪竇重顯이 지은 《송고백측頌古百則》에 대해 짧은 서론을 붙인 수시垂示와 평가하는 말을 붙인 착어着語, 그리고 본칙과 송에 대한 해설을 한 평창評唱을 붙여 《벽암록碧巖錄》 10권을 만들었다. 벽암이란 그가 거처하던 영천선원의 방장실方丈室 편액이 벽암실이었는데 이에서 이름을 따 《벽암록》이라 하였다. 원래 이 말은 협산선회夾山善會 선사가 자신이 깨달아 읊은 오도송에 '원숭이는 새끼를 안고 푸른 산 뒤로 돌아오고 새는 꽃을 물어다 푸른 바위 앞에 떨어뜨린다[猿抱兒歸靑嶂後 鳥啣花落碧巖前]' 는 글귀 속의 벽암에서 따온 말이다. 《벽암록》 외에 그의 법어를 모아 엮은 《원오불과선사어록》 20권이 있다. 불과佛果는 송宋 휘종徽宗이 지어준 호이고, 원오

圜悟는 남송南宋의 고종高宗이 지어준 호이다.

⑯ 경산종고徑山宗杲: 1089~1163 : 대혜大慧종고로 많이 알려진 스님은 간화선의 완성자로 평가 받는 인물이다. 17세에 출가하여 처음에는 묵조선을 하는 조동종 스님 회상에 있다 원오선사를 만나 깨달음을 얻은 후 새로운 간화선풍을 드날리고자 묵조선을 통렬히 비판하였다. 당시의 많은 사대부들과 편지를 주고받으면서 자신의 선법을 주창했는데 모함을 받아 17년간 귀양살이하기도 했다. 참선에 있어 활구活句를 참구해야 한다는 것이 그의 주장이었으며 묵조선법을 척파했다. 저서로는 《정법안장正法眼藏》6권, 《종문무고宗門武庫》, 《대혜보각선사어록大慧普覺禪師語錄》 30권이 있다. 이 중 《대혜보각선사어록》에 들어 있는 26권부터 30권까지가 당시 사대부들과 주고받은 편지이다. 이를 별도로 엮어 《서장》이란 이름으로 제하여 사집과四集科의 한 과목으로 전통강원에서 학습해 왔다. 《서장》에는 42명과 주고받은 편지가 수록되어 있다.

曹洞宗
조 동 종

六祖下傍傳이니 日靑原行思 · 日石頭希遷 · 日藥山惟儼 · 日雲
육 조 하 방 전   왈 청 원 행 사   왈 석 두 희 천   왈 약 산 유 엄   왈 운

巖曇晟 · 日洞山良价 · 日曹山耽章 · 日雲居道膺禪師等이라
암 담 성   왈 동 산 양 개   왈 조 산 탐 장   왈 운 거 도 응 선 사 등

조동종

6조의 밑에서 곁갈래로 전해졌으니 청원행사, 석두희천, 약산유엄, 운암담성, 동산양개, 조산탐장, 운거도응 선사 등이다.

조동종의 이름은 동산양개와 조산본적의 스승과 제자의 이름에서 한 자씩 따서 붙인 이름이다. 스승의 이름자가 뒤에 붙은 것은 중국 사람들이 쓰는 음운법칙에 의해 발음상 조 자와 동 자를 붙여 읽을 경우 조를 앞에 쓰고 동을 뒤에 붙인다는 설이 있어 이에 의거 조동이라 부르게 되었다 한다. 법안문익이 지은 《종문십규론宗門十規論》에 조동종이란 이름이 제일 먼저 쓰였다 한다. 육조 밑에서 곁갈래로 전해졌다는 것은 부처님 이후 삽삼조사卅三祖師로 이어 내려온 법맥계승의 정통 종손이 아닌 경우를 두고 한 말이다. 육조혜능 스님의 5대 제자에 남악회양, 청원행사, 영가진각, 남양혜충, 하택신회가 있었는데 선종 법맥의 적손이 남악회양으로 되어 있으므로 청원행사 아래를 방계傍系로 본 것이다.

① 청원행사靑原行思: ?~740 : 육조의 인가를 받은 오대제자 가운데 한 사람으로 대중의 상수로 있었다. 뒤에 고향인 길주吉州 청원산靑原山

정거사靜居寺에서 법을 펴며 교화하였는데 육조 입적 이후 많은 납자들이 청원회상으로 모여 성황을 이루었다.

② 석두희천石頭希遷: 700~790 : 출가하여 육조스님을 모시고 지내다 육조의 유언으로 청원행사를 찾아가 참구하다 크게 깨치고 청원의 법을 이었다. 뒤에 남악에 가서 큰 바위 위에 절을 짓고 살았으므로 돌에 사는 스님이란 뜻으로 석두스님이라 부르게 되었다. 당시 강서에는 마조가 있고 호남에는 석두가 있다고 할 정도로 두 스님의 법풍이 크게 떨쳤다. 저서로는 《참동계參同契》 1권과 《초암가草庵歌》 1권이 남아 있다.

③ 약산유엄藥山惟儼: 751~834 : 17세에 출가하여 삼장을 널리 통달하고 계율을 엄격히 지키다 선을 참구하였다. 처음 석두희천을 찾아가 깨달은 바가 있은 후 다시 마조를 찾아가 크게 깨쳐 한동안 마조를 모시고 지내다 다시 석두에게 돌아와 그의 법을 이었다. 풍주灃州의 약산에서 법을 펴고 교화하였다. 당시의 고관이자 유학자였던 이고李翶가 약산을 찾아와 도를 묻고 지은 시가 전해진다.

    수행한 몸은 학의 모습과 같고
    울창한 송림 아래 두어 개 경을 담은 함이 있네.
    내가 와 도를 물으니 다른 말 아니하고
    구름은 하늘에 있고 물은 물병에 있다고 하셨네.

    鍊得身形似鶴形　　연득신형사학형
    千株松下兩函經　　천주송하양함경

我來問道無餘說　　아래문도무여설
　　雲在靑天水在瓶　　운재청천수재병

이런 인연으로 이고를 약산의 재가 제자로 보고 있다.
④ 운암담성雲巖曇晟: 782~841 : 16세에 출가하여 백장회상에서 20년을 시자로 지내다 백장이 입적한 후 약산에게 크게 깨쳤다. 약산의 법을 잇고 담주潭州의 운암산雲巖山에서 법을 펴고 교화하였다.
⑤ 동산양개洞山良价: 807~869 : 어려서 어머니를 두고 떠나 출가하면서 어머니에게 편지를 남겼는데 그 편지와 어머니가 답한 편지가 《치문》에 수록되어 있다. 여러 선지식을 찾아다니다 남양혜충으로부터 무정설법을 들으라는 권유를 받고 운암을 찾아와 물었다.
"혜충국사께서 무정설법을 들으라 했는데 무정의 설법을 어떤 사람이 듣습니까?"
"무정의 설법은 무정이 듣지."
"스님께서도 들으십니까?"
"내가 듣는다면 그대는 내 설법을 듣지 못할 것이네."
이 말에 깨친 바가 있었다. 그 후 강을 건너다가 물에 비친 자신의 그림자를 보고 크게 깨달아 운암의 깊은 뜻을 알았다. 입적을 하려 할 때 종을 치고 대중에게 작별을 고하려 하자 대중이 통곡을 하므로 울음을 달래고 우치재를 베풀었던 일화도 남아 전한다. 죽을 사람이 살아 남을 사람을 위하여 재를 지냈다는 것이다.
⑥ 조산탐장曹山耽章: 839~901 : 법명은 본적本寂으로 알려져 있다. 탐장은 자라고 한다. 어려서 유학을 배우다 19세에 출가하여 동산에게

의탁하여 공부하다 깨친 바 있어 그의 법을 이었다. 무주撫州의 길수吉水에서 법을 펴고 교화하였다. 동산의 오위五位법문을 그가 완성하여 조동종의 준칙으로 삼았다. 어록 한 권이 남아 전한다.

⑦ 운거도응雲居道膺: ?~902 : 어려서 출가하여 계행을 잘 닦다가 취미翠微의 회상에 가 참선을 시작했다. 동산의 소문을 듣고 찾아가 얼마 후에 깨친 바가 있었다. 한때 삼봉암에 있으면서 열흘 동안 공양을 하지 않기에 방장실에 들어온 그를 보고 동산이 그 연유를 물었더니 천신이 공양을 가져다준다 말했다. 이에 동산이 야단을 치면서 "바로 된 줄 알았더니 그 따위 소견을 가지고 있었군. 선한 것도 생각하지 않고 악한 것을 생각하지 않을 때는 무엇인가?" 하는 말을 듣고 크게 깨쳤다. 그 후로 천공天供이 오지 않았다. 강서성 건창의 운거산에서 30여 년간 법을 펴고 교화하였다.

雲門宗
운 문 종

馬祖傍傳이니 曰天皇道悟 · 曰龍潭崇信 · 曰德山宣鑑 · 曰雪峰
마 조 방 전   왈 천 황 도 오   왈 용 담 숭 신   왈 덕 산 선 감   왈 설 봉

義存 · 曰雲門文偃 · 曰雪竇重顯 · 曰天衣義懷禪師等이니라.
의 존   왈 운 문 문 언   왈 설 두 중 현   왈 천 의 의 회 선 사 등

운문종

마조의 곁갈래로 전해졌으니 천황도오, 용담숭신, 덕산선감, 설봉의존, 운문문언, 설두중현, 천의의회 선사 등이다.

운문문언 선사가 창시한 선종의 한 파로 마조에서 갈라져 나온 파이다. 운문문언은 17세에 출가하여 처음 사분율四分律 등 율장을 배우다 황벽희운의 법을 이은 목주도명睦州道明에게 가 참구하다가 다시 설봉의존을 찾아가 참구하고 그의 법을 이었다. 그 후 설봉을 떠나 제방을 순력, 여러 선지식들과 교류하다 광동성 조계로 가서 육조혜능의 탑을 참배하고 운문산에 들어가 30여 년을 법을 펴고 교화하였다. 그의 법문을 수록한 어록으로 수견守堅이 엮은 《운문광진선사광록雲門匡眞禪師廣錄》 3권이 있다. 운문호병雲門餬餠, 운문일구雲門一句, 운문일보雲門一寶, 운문전수雲門展手, 운문호일雲門好日, 운문참회雲門懺悔 등 그와 얽힌 많은 선화들이 《벽암록》, 《선문염송》 등에 전해진다.

운문종 계보 스님

① 천황도오天皇道悟 : 14세 때 출가하려 했으나 부모가 못하게 해 밥을 굶어 몸이 쇠약해지자 부모가 할 수 없이 출가를 허락했다. 국일도흠國一道欽, 마조도일 등을 참방하다가 석두희천에게 가서 크게 깨쳤다. 석두가 입적하자 탑을 쌓고 떠나 형주 천황사의 옛 터에 절을

크게 짓고 법을 펴며 교화하였다.

② 용담숭신龍潭崇信 생몰연대미상 : 용담스님은 출가 동기가 특이하다. 어릴 때 그의 부모가 천황사 절 근처에서 떡장사를 하였는데 도오선사가 그 절로 오게 되자 그의 집에서 매일 떡 열 개씩을 보내드렸다. 떡을 갖다 주면 도오선사는 꼭 떡 한 개를 남겨 용담에게 먹으라고 되돌려 주었다. 용담이 "왜 내가 갖다 주는 떡을 내게 먹으라고 되돌려 주느냐?"고 묻자 도오선사가 "그게 뭐 잘못되었느냐?"고 되물었다. 이에 무언가 가슴에 와 닿는 느낌이 있어 출가를 했다는 것이다. 출가하여 여러 해 도오선사의 시중을 들며 지내다 하루는 용담이 말하기를 "제가 스님을 모신 지 여러 해 되었으나 공부를 가르쳐 주시지 않아 마음이 답답합니다" 하였다. 그러자 도오선사가 "무슨 말이냐? 내가 왜 너에게 가르쳐 주지 않았느냐? 네가 밥이나 차를 가져오면 내가 먹어 주었고 네가 절을 하면 내가 받지 않았느냐?"고 되물었고 이 말 끝에 용담이 곰곰이 생각하는 표정을 짓자 도오가 이르기를 "깨닫는 것은 말끝에 바로 깨닫는 것이지 생각해 알려고 하면 벌써 틀려버리는 거야"라고 했다. 이에 용담이 크게 깨달았다.

③ 덕산선감德山宣鑑: 780~865 : 어려서 출가하여 계율을 잘 지키고 경에 밝았다. 특히 《금강경》에 정통해 그때의 사람들이 그를 주금강周金剛이라고 불렀는데 그의 속성俗姓이 주周씨였기 때문이다. 그가 금강경에 대한 주소를 지었는데 〈청룡소青龍疏〉라 하였다. 어느 날 그가 걸망에 자기가 지은 〈청룡소〉를 넣고 길을 가다가 도중에 떡 파는 노파를 만났다. 마침 시장기를 느껴 요기를 하려고 떡을 사 먹으려 하였다. 중국 사람들은 요기를 하는 것을 점심點心이라 한다. 점심하게 떡

을 달라 했더니 노파가 물었다. "스님 걸망에 무엇이 들어 있소?" "금강경을 해석한 책이 들어 있소." 노파가 다시 물었다. "금강경에 과거의 마음도 찾을 수 없고 현재의 마음도 찾을 수 없고 미래의 마음도 찾을 수 없다, 했는데 스님은 어느 마음에 점심을 하려고 합니까?" 이 말은 《금강경》 제18분 〈일체동관분〉의 마지막 부분에 설해져 있는 말이다.

이 물음에 덕산이 말문이 막혀 대답을 못했다. 노파가 용담숭신 선사를 찾아가 보라 하였다. 덕산은 노파가 일러준 대로 용담숭신을 찾아갔다. 덕산은 절 안으로 들어가면서 "용담이라 소문이 났더니 용도 보이지 않고 못도 보이지 않는구나" 하고 큰 소리로 말했다. 이때 바로 용담이 나오면서 "그대가 참으로 용담에 왔네" 하였다.

그날 밤 방장실인 용담의 방에서 덕산은 밤이 깊도록 법담을 나누다 객실로 돌아가려 하니 밖이 컴컴하여 촛불을 하나 켜주기를 청했다. 용담이 촛불을 켜 덕산에게 내밀기에 덕산이 받으려는 순간 용담이 입김으로 훅 불어 촛불을 꺼버렸다. 이 순간 덕산이 크게 깨닫고 용담에게 공손히 절을 했다. 용담이 물었다.

"그대가 무엇을 보았기에 절을 하는가?" 이에 덕산은 "이제부터 다시는 천하 노화상들의 말씀을 의심하지 않겠습니다." 그리하여 덕산은 용담의 법을 이어 받았다. 다음 날 덕산은 자신이 지었던 〈청룡소〉를 불에 태워버리고 길을 떠났다.

④ 설봉의존雪峰義存: 822~908 : 독실한 불교신자 가정에서 태어난 그는 어려서부터 오신채를 먹지 않고 불교용품을 좋아했다. 12세에 출가하여 여러 선사들을 참방하다가 한번은 덕산에게 가 법을 묻다 방

망이를 맞고 깨달았다. 그러나 확철대오의 경지에 이르지 못했는데 사형되는 암두嚴頭의 꾸중을 듣다 다시 크게 깨달았다. 복주의 상골산象骨山에 들어가 산 이름을 설봉산雪峰山으로 고치고 40여 년간 법을 펴고 교화했다.

⑤ 설두중현雪竇重顯: 980~1052 : 20세 때 부모를 여의고 출가했다. 지문광조智門光祚 선사를 찾아가 법을 묻다가 한 대 맞고 깨달음을 얻었다는 일화가 있다. "한 생각도 일으키지 않는데도 허물이 수미산 같다 한 뜻이 무엇입니까?"하고 물었을 때 선사가 그를 가까이 오라 하고는 한 대 때렸다. 그러자 설두가 다시 무어라 말을 하려 했더니 또 입을 때리는 것이었다. 이때 홀연히 깨달았다는 것이다. 소주 취봉사에 있다가 나중에는 설두산 자성사로 옮겨 법을 펴고 교화하였다. 시호는 명각明覺으로 많은 저서가 남아 전해진다. 《명각선사어록》, 《폭천집瀑泉集》, 《조영집祖英集》, 《염고집拈古集》, 《동정어록洞庭語錄》, 《설두개당록雪竇開堂錄》 등이 있다.

⑥ 천의의회天衣義懷: 989~1060 : 어려서부터 고기잡이 하는 아버지를 따라다니면서 산 고기를 강물에 다시 넣어 주는 등 보통 아이들과 다른 점을 보였다. 출가 후 설두선사를 모시고 살면서 고생을 많이 하였다. 어느 날 설두선사가 말하기를 "이렇다고도 할 수 없고 저렇다고도 할 수 없다. 그러나 또 이렇다고 아니할 수도 없고 저렇다고 아니할 수도 없다"라는 말을 하였다. 이 말을 들은 천의가 무슨 말을 하려 하자 설두가 몽둥이로 때리며 내쫓는 것이었다. 이렇게 네 번을 내쫓긴 후 한 번은 물지게로 우물물을 길어 오다 물지게가 부러지는 순간 깨달음을 얻었다. 설두의 법을 이은 후 천의산에 가 법을 펴고

교화하였다.

潙仰宗
위앙종

百丈傍傳이니 日潙山靈佑 · 日仰山慧寂 · 日香嚴智閑 · 日南塔
백장방전   왈위산영우   왈앙산혜적   왈향엄지한   왈남탑

光湧 · 日芭蕉慧淸 · 日霍山景通 · 日無着文喜禪師等이니라
광용   왈파초혜청   왈곽산경통   왈무착문희선사등

위앙종

백장의 곁갈래로 전해졌으니 위산영우, 앙산혜적, 향엄지한, 남탑광용, 파초혜청, 곽산경통, 무착문희 선사 등이다.

위앙종 계보 스님

① 위산영우 潙山靈佑: 771~853 : 제자 앙산과 더불어 위앙종을 개창한 스님은 처음에는 백장의 제자였다. 15세 때 출가하여 항주杭州 용흥사龍興寺의 법상法常에게 율을 배우고 23세 때에 백장스님을 찾아가 선법禪法을 참구하여 그의 제자가 되었다. 한겨울 밤에 백장이 거처하는 방장실에 들어가 법을 묻는데 백장이 화로에 불이 있느냐고 물

었다. 위산이 화로를 이리저리 뒤졌으나 불씨가 보이지 않아 불이 없다고 대답했다. 그러자 백장이 몸소 화로를 뒤져 불씨 하나를 찾아내고는 이게 불이 아니고 무엇이냐 하는 말에 크게 깨달았다. 이를 계기로 백장의 법을 이어 후에 호남성湖南省 담주潭州 장사부長沙府에 있는 대위산大潙山으로 들어가 절을 짓고 40여 년간 법을 펴면서 선풍을 드날렸다. 상국相國 배휴裴休가 선사를 참방하고 법을 물었으며, 배휴의 묘가 대위산에 있다 뒤에 나라에서 대원이라는 시호를 내렸다. 앙산, 향엄, 영운 등 뛰어난 제자가 있었으며 《치문》에 수록되어 있는 〈위산경책潙山警策〉과 〈어록語錄〉 등이 남아 전한다.

② 앙산혜적仰山慧寂: 803~887 : 17세에 출가하여 남양혜충의 제자 탐원耽源을 참방하고 혜충국사의 원상圓相을 전해 받고 위산에게 참문하여 깨달음을 얻었다고 알려져 있다.

어느 날 위산에게 참부처가 있는 곳을 물었다.

"생각해도 생각할 수 없는 미묘한 이치로 신령스러운 불꽃을 돌이켜, 생각이 일어나지 않는 근원에 돌아가면 본성과 현상이 그대로 있고 본질과 현상이 둘이 아닌 그곳에 참부처가 그대로 있느니라〔以思無思之妙 返思靈焰之無窮 思盡還源 性相常住 理事不二 眞佛如如〕"라고 위산이 말해 주는 데서 크게 깨달았다. 강서성江西省 대앙산大仰山에서 오래 교화하였다. 지통智通이란 시호를 받다.

③ 향엄지한香嚴智閑: ?~896 : 처음 백장스님 문하에서 도를 배우다 뒤에 위산에게 가 참학하였다. 위산이 묻기를 "평생에 보고 들은 것을 떠나 네가 세상에 나오기 전의 네 본래면목에 대하여 한 마디 일러보라" 했다. 이 말의 대답을 찾으려고 여러 책을 뒤졌으나 알 수 없었

다. 그는 다시 위산에게 보고 들은 것을 제외하고는 말할 수가 없으니 가르쳐 달라 청했다. 위산은 "내가 말하는 것은 내 소견이지 너에게 아무 소용이 없다" 하였다. 그는 답답하여 울면서 위산을 떠났다. 그 후 남양혜충 국사의 유적이 있는 곳으로 가 지내게 되었는데 하루는 운력共同作業이 있어 대중과 함께 일을 하다가 돌멩이를 하나 주워 던졌는데 마침 대밭으로 날아가 대에 부딪쳐 '딱!' 하고 소리가 나는 것을 듣고 크게 깨달았다. 이를 두고 향엄격죽香嚴擊竹이라는 말이 생겼다. 그는 게송을 지어 읊었다.

한 번 부딪치는 소리에 알던 것 다 잊으니
더 이상 닦으려 할 것도 없네.
활달한 모습 옛길에 드날리고
말초적 신경 반응이 없구나.
아무데도 자취를 남기지 않으니
소리와 색깔 밖의 동작이런가?
온 곳의 도를 통달한 사람들은
모두들 제일 높은 기틀이라 하네.

一擊忘所知　　일격망소지
更不假修治　　갱불가수치
動容揚古路　　동용양고로
不墮悄然機　　불타초연기
處處無踪跡　　처처무종적

聲色外威儀　　　성색외위의
　　　諸方達道者　　　제방달도자
　　　咸言上上機　　　함언상상기

④ 남탑광용南塔光湧: 850~938 : 유년시절에 독서를 좋아해 유전儒典과 불경을 많이 읽었다. 《유마경》을 배우고 19세에 계를 받고 스님이 되어 앙산에게 참학하고 심인心印을 얻어 그의 법을 이었다. 남탑사에서 오래 머물며 법을 폈으므로 남탑이라 불린다. 태어났을 때 집 안에 이상한 광명이 비치자 마구간에 있던 말이 놀라 울었다. 그리하여 빛이 솟아나왔다는 뜻의 용광이라 이름을 지었다 한다.

⑤ 파초혜청芭蕉慧淸: 생몰연대 미상 : 신라 태생으로 당에 들어가 18세에 남탑에 가서 광용의 상단법문을 듣다가 그 자리에서 깨달았다. 5년 동안 남탑사에 머물다 그 뒤에 파초산으로 가 법을 펴고 교화하였다.

⑥ 곽산경통霍山景通: 생몰연대미상 : 앙산에게 등나무 주장자로 네 차례 얻어맞고 깨달았다. 그리하여 스스로 "집운봉 아래에서 등나무 주장자 네 번 맞은 천하에 큰 부처〔集雲峰下四藤條 天下大仙佛〕"라 하였다. 앙산의 법을 잇고 곽산에서 교화하다 죽을 때 들판에 마른 나무를 쌓아 놓고 스스로 불을 붙여 불 속에 들어가 몸을 태웠다.

⑦ 무착문희無着文喜: 820~899 : 일곱 살의 어린 나이로 출가하여 처음에는 계율을 익히다 중간에 청량국사 징관에게 화엄 교의를 배웠다. 그 후 문수보살을 친견하고자 서원을 세워 오대산까지 들어갔으나 문수의 화현이 나타났는데도 알아보지 못했다. 한번은 가마솥에 팥죽을 쑤어 주걱으로 죽을 젓다가 솥 안에서 보살이 나타났는데 이것을 보고 "문

수는 문수요, 무착은 무착이다. 무슨 상관이냐?" 하고 주걱으로 뺨을 때렸다는 설화가 전해진다. 앙산의 말에서 깨달음을 얻고 그의 법을 이었다. 입적하고 난 뒤 당 소종昭宗이 무착이라는 시호를 내렸다.

法眼宗
법 안 종

雪峰의 傍傳이니 曰玄沙師備 · 曰地藏桂琛 · 曰法眼文益 · 曰天
설 봉   방 전   왈 현 사 사 비   왈 지 장 계 침   왈 법 안 문 익   왈 천

台德韶 · 曰永明延壽 · 曰龍濟紹修 · 曰南臺守安禪師等이니라
태 덕 소   왈 영 명 연 수   왈 용 제 소 수   왈 남 대 수 안 선 사 등

법안종
설봉의 곁갈래로 전해졌으니 현사사비, 지장계침, 법안문익, 천태덕소, 영명연수, 용제소수, 남대수안 선사 등이다.

법안종 계보 스님

① **현사사비**玄沙師備 : 835~908 : 30세에 출가하여 몸을 돌보지 않고 정진하였다. 바위 밑이나 산꼭대기 등지에서 좌선에 몰두, 혼자 공부하여 깨친 바가 있었다. 또 《능엄경》을 보다 깨친 바도 있었다 하며,

설봉의 법을 이은 뒤에는 매계梅谿의 보응원普應院에서 법을 펴 복주의 현사산으로 옮겨 주석하면서 법을 펴 교화하였다.

② 지장계침地藏桂琛 : 867~928 : 어려서 특이한 데가 있었다. 채식으로 하루 한 끼만 먹고 지냈다. 20세에 출가 처음 계율을 숭상하다가 나중에 몸을 구속하는 것이 해탈을 얻는 지름길이 아니라 생각하고 선을 참구하기 시작, 먼저 설봉을 찾아갔으나 얻은 바가 없었다. 그 후 현사사비를 찾아가 깨달음을 얻고 그의 법을 받아 이은 뒤 민성閩城의 지장원地藏院에서 18년을 머물다가 장주漳州의 나한원羅漢院으로 옮겨 법을 펴고 교화하였다. 그래서 그를 나한선사라고도 불렀다.

③ 법안문익法眼文益 : 885~958 : 어린 나이인 일곱 살에 출가하여 계율을 닦고 경서를 배우고 시문에도 능했다. 그가 깨달음을 얻은 계기는 계침을 만나면서였다. 행각 도중에 폭우를 만나 지장원에 들어가 피해 있던 중 계침이 이것저것 질문을 하였다. 대수롭지 않게 생각한 법안이 비가 멎자 인사를 드리고 절을 나오려는데 계침이 마당가에 있는 돌멩이 하나를 가리키면서 "삼계가 오직 마음이라 하니, 이 돌이 마음속에 있는가? 마음 밖에 있는가?" 하고 물었다. 법안이 대뜸 "마음 안에 있지요" 하고 대답했더니 "행각하는 사람이 마음속에 돌을 넣어 가지고 어떻게 다닌단 말인가?" 하였다. 이 말에 대답을 못한 법안이 걸망을 도로 내려놓고 지장원에 달포를 남아 머물면서 여러 가지로 자기의 소견을 계침에게 말했다. 그때마다 계침은 "불법은 그런 것이 아니야"라는 말만 했다. 답답해진 법안이 "이제는 말할 수 있는 것은 다 말해버렸기 때문에 무어라 말씀 드릴 수도 없습니다" 했다. 이때 다시 계침이 "만약 불법을 말하자면 모든 것이 눈앞에 그

대로 다 이루어져 있다네" 하였네. 이 말을 듣는 순간 법안이 크게 깨달았다. 계침의 법을 이어 받고 임천臨川의 숭수원崇壽院과 금릉金陵의 보은선원報恩禪院, 청량사淸凉寺 등지에서 법을 펴고 교화하였다. 그의 법을 이은 사람이 63인이나 되었으며, 그 가운데 고려의 도봉혜거道峰慧炬 국사와 영감靈鑑선사가 있었다.

④ 천태덕소天台德韶: 891~972 : 15세에 출가하여 18세에 구족계를 받고는 여러 선지식들을 찾아 다녔다. 무려 54인의 선사들을 찾아다니며 법을 물었다 한다. 나중에 법안 회상에 가 있게 되었는데 법을 묻는데 진력이 난 뒤라 찾아가 법을 묻지도 않고 대중과 어울려 지내다 하루는 법당에 들어가 법안스님의 법문을 듣게 되었다. 어떤 스님이 법안선사에게 물었다. "어떤 것이 조계의 한 방울 물입니까?" 그러자 "이것이 조계의 한 방울 물이니라"하고 법안선사가 말했다. 한쪽 구석에 앉아 있던 덕소가 이 말을 듣는 순간 크게 깨달았다. 이후 법안의 법을 잇고 천태산으로 들어가 지의대사의 유적을 정리하고 오래 머물렀다. 천태산에서 지의대사의 유업을 기리며 중국의 천태 종지를 부흥하고자 힘쓰기도 했다. 고려 충의왕에게 사람을 보내 대각국사 의천이 중국에서 구해 가져왔던 천태학 서적을 다시 빌려가기도 했다고 전해진다. 송 태조 개보開寶 5년972년에 82세로 입적하였다. 법을 이은 제자가 100여 명이나 되고 그중 보문희변普門希辯에게서 고려의 혜홍慧洪선사가 법을 이었다.

⑤ 영명연수永明延壽: 904~975 : 어려서 출가하려 했으나 뜻을 이루지 못하고 관리 생활을 하다가 28세 때 출가, 취암영참翠巖令參에 의해 득도得度하여 스님이 되었다. 천태덕소의 법을 이어 법안종의 3세가

된 후 설두산 자성사資聖寺, 또 영은사靈隱寺, 영명사永明寺, 그 뒤 정자사淨慈寺 등으로 옮겨 다니며 법을 펴고 교화하였다. 선과 염불을 겸수하라고 권장하였고 자신이 직접 행도염불行道念佛을 하였다. 정토종에서도 7조로 받들었고 자씨慈氏의 하생下生이라 숭배하기까지 하였다. 고려에서 36명이 그에게 유학하여 법을 배웠다. 100권에 달하는 대부작 《종경록》을 지었으며 그 외에도 《만선동귀집萬善同歸集》, 《유심결唯心訣》 등이 있다.

⑥ 용제소수龍濟紹修 생몰연대 미상 : 법안문익과 함께 나한계침에게 참학하여 계침의 법을 이은 것으로 알려졌다. 그가 남방에 있다가 처음 계침을 찾아갔을 때 계침이 물었다. "남방의 불법은 어떤가? 우리가 여기서 농사지어 주먹밥을 먹던 것과 다르던가?" 용제가 대답했다. "그러나 삼계를 못 벗어나지 않았습니까?" 하니 "자네가 무엇을 가지고 삼계라 하는가?" 이 말끝에 깨달음을 얻었다 한다. 이후 무주의 용제사에서 교화하며 머물렀다.

⑦ 남대수안南臺守安 생몰연대 미상 : 계침의 법을 잇고 강주江州 오공원悟空院에 있다가 뒤에 형악衡岳의 남대사에서 교화하였다.

2) 五宗家風
오 종 가 풍

臨濟家風
임 제 가 풍

赤手單刀로 殺佛・殺祖하며 辨古今於玄要하고 驗龍蛇於主賓이라
적수단도 살불 살조 변고금어현요   험용사어주빈

操金剛寶劍하여 掃除竹木精靈하고 奮獅子全威하여 震裂狐狸心膽
조금강보검   소제죽목정령   분사자전위   진열호리심담

이로다 要識臨濟宗麼아? 靑天에 轟霹靂이요 平地에 起波濤로다
    요식임제종마   청천 굉벽력   평지 기파도

임제가풍

임제가풍은 맨손에 단칼로 부처도 죽이고 조사도 죽인다. 고금의 현요玄要를 가리고 용과 뱀을 주인과 손님으로 시험한다. 금강보검을 잡고 대와 나무에 붙은 정령을 쓸어내고 사자의 위엄을 떨쳐 여우나 이리의 간을 찢는다. 임제종을 알려 하는가? 푸른 하늘에 벼락치고 평지에 파도가 일어난다.

曹洞家風
조동가풍

權開五位하여 善接三根하며 橫抽寶劍하며 斬諸見稠林하며 妙協弘通
권개오위   선접삼근   횡추보검   참제견조림   묘협홍통

하여 截萬機穿鑿이로다 威音那畔에 滿目煙光이요 空劫已前에 一壺風
   절만기천착   위음나반   만목연광   공겁이전 일호풍

月이로다 要識曹洞宗麼아? 佛祖未生空劫外에 正偏不落有無機로다
월　　요식조동종마　　불조미생공겁외　　정편불락유무기

조동가풍

조동가풍은 방편으로 다섯 자리를 열어서 세 근기를 잘 다루며 보검을 뽑아 들고 모든 사견의 숲을 베어버린다. 미묘하게 맞추어 널리 통하게 하며 온갖 잔꾀로 따지는 것을 끊어버린다. 위음왕불 저쪽에 눈 가득히 연기 빛이요, 공겁 이전에 한 풍월이로다. 조동종을 알려 하는가? 부처와 조사가 나기 전 공겁 밖에 바르고 치우친 정편의 자리는, 있고 없는 기틀에 떨어지지 않는다.

雲門家風
운 문 가 풍

劍鋒에 有路하고 鐵壁에 無門이라 掀翻露布葛藤하고 剪却常情見
검봉　유로　　철벽　무문　　흔번노포갈등　　　전각상정견

解이라 迅電이라 不及思量하고 烈燄이 寧容湊泊가? 要識雲門宗
해　　신전　　불급사량　　　열염　영용주박　　　요식운문종

麼아? 拄杖子가 跋跳上天하고 盞子裡에 諸佛이 說法이로다
마　　주장자　　발도상천　　　잔자리　제불　설법

운문가풍

운문가풍은 칼날에 길이 있고 철벽에 문이 없다. 떠도는 말썽들을 둘러 엎어버리고 상식의 견해를 베어버린다. 번개처럼 빨라 생각으로 미치지 못하는데 사나운 불꽃 속에 어찌 발붙일 수 있으랴! 운문종을 알려 하는가? 주장자가 뛰어 하늘에 치솟고 잔 속에서 부처가 법을 설하네.

潙仰家風
위 앙 가 풍

師資唱和하고 父子一家로다 脇下에 書字하니 頭角이 崢嶸하고 室中
사 자 창 화   부 자 일 가   협 하   서 자   두 각   쟁 영   실 중

에 驗人하니 獅子腰折이라 離四句하고 絶百非하여 一搥粉碎하니 有
   험 인   사 자 요 절   이 사 구   절 백 비   일 추 분 쇄   유

兩口로대 無一舌이라 九曲珠通이로다 要識潙仰宗麼아? 斷碑는 橫
양 구   무 일 설   구 곡 주 통   요 식 위 앙 종 마   단 비   횡

古路하고 鐵牛는 眠少室이로다
고 로   철 우   면 소 실

위앙가풍

위앙가풍은 스승과 제자가 부르면 화답하고 아버지와 아들이 한집안

이다. 옆구리 밑에 글자가 쓰여 있는데 머리에 뿔이 돋아 있고 방 안에서 사람을 시험하니 사자의 허리가 꺾인다. 네 구절을 여의고 백 가지 아닌 것을 끊어버려 한 방에 쳐부수니 두 입이 있어도 혀가 하나 없는데 아홉 구비 구슬을 꿰뚫는다.

위앙종을 알려 하는가? 동강 난 비석이 옛길에 비껴 있고 무쇠소가 작은 방에 잠을 잔다.

法眼家風
법 안 가 풍

言中有響하고 句裡藏峰이라 髑髏는 常干世界하고 鼻孔은 磨髑家
언 중 유 향　　구 리 장 봉　　촉 루　　상 간 세 계　　　비 공　　마 촉 가

風이라 風柯月渚는 顯露眞常하고 翠竹黃花가 宣明妙法이로다 要識
풍　　풍 가 월 저　　현 로 진 상　　　취 죽 황 화　　선 명 묘 법　　　요 식

法眼宗麽아? 風送斷雲歸嶺去하고 月和流水過橋來로다
법 안 종 마　　풍 송 단 운 귀 령 거　　　월 화 류 수 과 교 래

법안가풍

법안가풍은 말 속에 메아리가 있고 이야기 속에 칼날이 숨어 있다. 해골이 항상 세계를 간섭하고 콧구멍은 가풍을 풀무질한다. 바람 부는 나뭇가지와 달 비친 물가에 참되고 한결같은 실상이 드러나고 푸

른 대와 노란 꽃이 묘법을 설해 준다.
법안종을 알려 하는가? 바람은 구름을 몰아 산마루로 넘어 가고 달은 흐르는 물을 따라 다리를 지나오네.

선 5종의 계보에 이어 그 가풍을 설하고 있다. 가풍이란 집안의 풍속이나 규범 또는 범절을 나타내는 말이다. 요즈음 외래어로 말하는 스타일이라 할 수 있다.
선의 다섯 종파가 각각의 특색을 가지고 학인들을 가르치고 제접提接한다는 것이다. 다시 말해 가르치는 수단과 방법이 서로 다른 점이 있기 때문에 각 종파의 특징이 나타나게 되었다는 것이다.

五宗 系譜 圖表
오 종 계 보 도 표

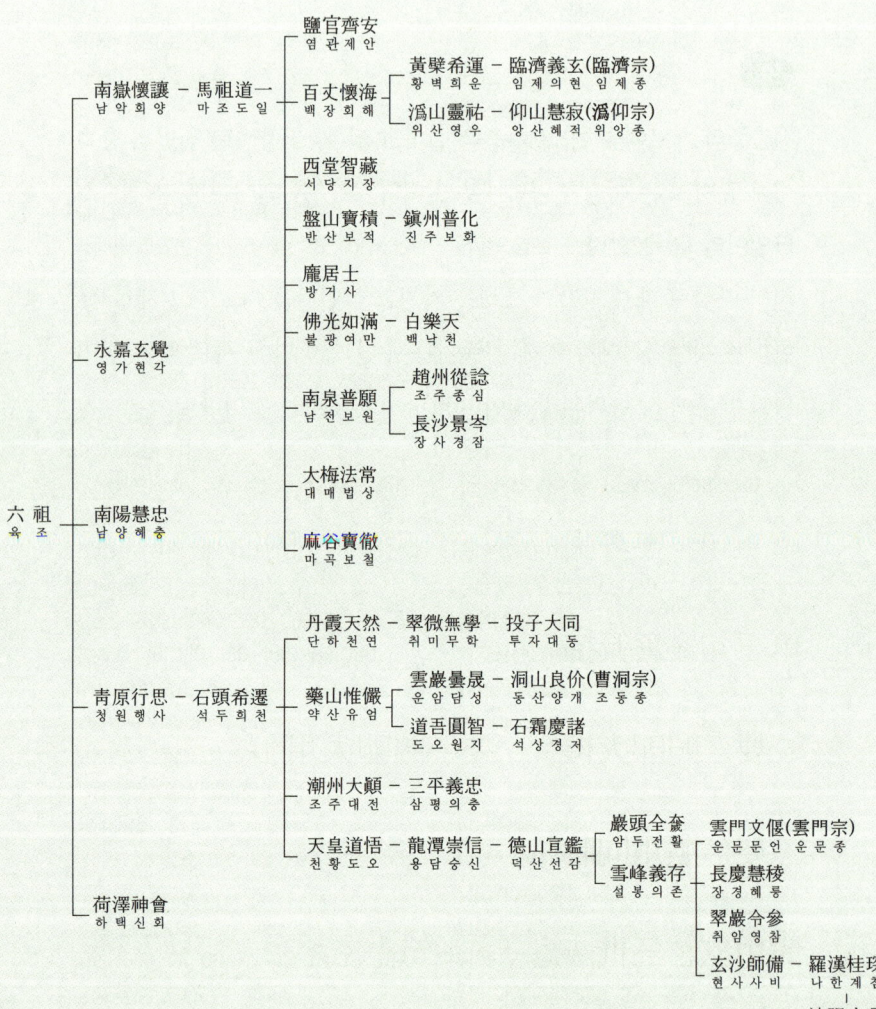

80장
특별히 임제종 종지를 밝히다
別明臨濟宗旨

大凡一句中에 具三玄하고 一玄中에 具三要하니
대범일구중　　구삼현　　일현중　　구삼요

一句는 無文綵印이요 三玄三要는 有文綵印이라
일구　무문채인　　삼현삼요　유문채인

權實은 玄이요 照用은 要이라
권실　　현　　　조용　　요

第一句는 喪身失命이요 第二句는 未開口錯이요
제일구　상신실명　　　제이구　미개구착

第三句는 奮箕掃箒이라
제삼구　분기소추

一要는 照卽大機요 二要는 照卽大用이요
일요　조즉대기　　이요　조즉대용

三要는 照用同時이라
삼요　조용동시

體中玄은 三世一念等이요 句中玄은
체중현　삼세일념등　　　구중현

徑截言句等이요 玄中玄은 良久棒喝等이라
경절언구등   현중현   양구방할등

奪人不奪境은 待下根이요 奪境不奪人은
탈인불탈경   대하근   탈경불탈인

待中根이요 人境兩俱奪은 待上根이요,
대중근   인경량구탈   대상근

人境俱不奪은 待出格人이라
인경구불탈   대출격인

賓中賓은 學人이 無鼻孔이니 有問有答이요
빈중빈   학인   무비공   유문유답

賓中主는 學人이 有鼻孔이니 有主有法이요
빈중주   학인   유비공   유주유법

主中賓은 師家無鼻孔이니 有問在요
주중빈   사가무비공   유문재

主中主는 師家有鼻孔이니 不防奇特이라
주중주   사가유비공   불방기특

先照後用은 有人在요 先用後照는 有法在요
선조후용   유인재   선용후조   유법재

照用同時는 驅耕奪食이요 照用不同時는
조용동시   구경탈식   조용부동시

有問有答이라
유문유답

正利는 少林面壁類요 平常은 禾山打鼓類요
정리   소림면벽류   평상   화산타고유

本分은 山僧不會類요 貢假는 達摩不識類이라

金剛王寶劍은 一刀로 揮斷一切情解요

踞地獅子는 發言吐氣에 衆魔腦裂이요

探竿影草는 探其有無師承鼻孔이요

一喝不作一喝用은 具上三玄과 四賓主等이니라

觸令返玄과 接掃從正과 靠玄傷正과 苦責은

罰棒이요 順宗旨는 賞棒이요 有虛實은 辨棒이요

盲架는 瞎棒이요 掃除凡聖은 正棒이니라

此等法은 非特臨濟宗風이라 上自諸佛로

下至衆生히 皆分上事니 若離此說法하면

皆是妄語니라

대체로 한 구〔一句〕 가운데 세 가지 현묘함이 갖추어져 있고 한 현묘함 가운데 세 가지 요점이 갖춰져 있다. 한 구란 문채가 없는 도장이요, 세 가지 현묘함과 세 가지 요점은 문채가 있는 도장이다. 방편과 진실은 현묘함이요, 비춤과 활용은 요점이다.

제1구는 몸과 목숨을 잃어버리는 것이요, 제2구는 입을 열기 전에 그르치는 것이요, 제3구는 똥 삼태기와 빗자루이다.

첫째 요점은 비춤이 곧 큰 기틀이요, 둘째 요점은 비춤이 바로 큰 활용이요, 셋째 요점은 비춤과 활용이 동시인 것이다.

본체 가운데 현묘는 3세가 한 생각이라는 등이요, 구〔句〕 가운데 현묘는 지름길을 말하는 언구요, 현묘 속의 현묘는 말없이 있거나 방망이로 때리고 악! 하고 고함을 지르는 등이다.

사람을 빼앗고 경계를 빼앗지 않는 것은 근기가 낮은 사람들을 다루는 법이요, 경계를 빼앗고 사람을 빼앗지 않는 것은 근기가 중간인 사람들을 다루는 법이요, 사람과 경계를 함께 빼앗아 버리는 것은 근기가 높은 사람들을 다루는 법이며, 사람과 경계를 함께 빼앗지 않는 것은 격식을 뛰어넘은 사람들을 다루는 법이다.

손님 가운데 손님은 배우는 사람이 콧구멍이 없는 것이니 묻고 대답함이 있는 것이요, 손님 가운데 주인은 배우는 사람이 콧구멍이 있는 것이니 주인도 있고 법도 있는 것이요, 주인 가운데 손님은 스승으로서 콧구멍이 없는 것이니 오직 묻는 것만 있는 것이요, 주인 가운데 주인은 스승으로서 콧구멍이 있는 것이니 기특하기 짝이 없는 것이다.

먼저 비추고 뒤에 활용함은 사람이 있는 것이요, 먼저 활용하고 뒤에 비춤은 법이 있는 것이며, 비추고 활용을 동시에 하는 것은 밭 가는 소를 빼앗아 가고 배고픈 사람의 밥을 빼앗는 것이요, 비춤과 활용을 동시에 하지 않는 것은 묻는 것이 있고 대답함이 있는 것이다.

'바른 이익'은 소림굴에서 벽을 향해 앉는 것과 같은 것이요, '평상도리'는 화산의 북을 친 것과 같은 것이요, '본분'은 '산승은 모른다'한 것과 같은 것이요, '가짜를 바친다' 는 것은 달마가 '모른다'한 것과 같은 것이다.

'금강왕보검'은 한 칼에 일체 망정의 알음알이를 끊어버리는 것이요, '땅에 버티고 앉은 사자' 는 말을 하려고 숨을 토하는데 온갖 마군의 머리가 터지는 것이요, '탐지하는 장대와 그림자 풀'은 스승의 콧구멍을 계승함이 있나 없나 탐지하는 것이요, '한 번 할을 한 것을 한 번 할 한 것으로 쓰지 않는 것'은 위의 세 가지 현묘함과 네 손님과 주인을 모두 갖추고 있는 것이다.

명령을 접촉 현묘함에 돌아오게 하는 것과 쓸어버림을 접해 바름을 따르는 것과 고되게 꾸짖는 것은 벌을 주는 방이요, 종지를 따르는 것은 상을 주는 방이요, 허실을 떠보는 것은 가려내는 방이요, 함부로 하는 것은 눈먼 방이요, 범부와 성인을 쓸어버리는 것은 바른 방이다.

이러한 등의 법은 특별한 임제종풍일 뿐만 아니라 위로 모든 부처님으로부터 아래로 중생에 이르기까지 모두 분수에 맞는 일이니 만약 이것을 떠나 법을 설한다면 모두 거짓말이 된다.

이 장에서는 특별히 임제종의 종지를 설명하고 있다. 이것은 서산스님이 선의 5종 가운데서도 임제종을 가장 중요시 여겼다는 것을 뜻하기도 한다. 임제 종지를 설명하는 특수한 용어가 많이 등장한다. 구句란 원래 선종, 특히 간화선에서 언구나 동작, 어떤 경지 등을 가리키는 말로 쓰였다. 활구活句, 사구死句 등의 말도 있다. 활구란 말과 생각으로 미치지 못하는 구이며 사구는 마음으로 헤아리고 언어의 관념이 있는 것을 말한다. 구를 삼구로 나누어 구에서 다시 삼현三玄, 삼요三要, 사료간四料間, 사빈주四賓主, 사조용四照用, 사대식四大式, 사할四喝, 오방五棒으로 임제의 요지와 종풍을 설명하였다.

할이란 '악!' 하고 고함을 지르는 것을 말하며 방이란 방망이로 때려주는 것을 말한다. 종사가 학인을 제접할 때 쓰는 특이한 수단인데 이를 통해 학인의 눈을 뜨게 한다는 것이다. 할과 방은 일체 분별의 식이나 알음알이를 무용지물로 만드는 특별 수단에서 나온 선사들 특유의 가풍들이라 할 수 있다. 이 할과 방이 상황에 따라 각각 다르게 쓰이고 있음을 밝히고 있다. 예를 들면 벌로 때리는 방망이가 있는가 하면 상으로 때리는 방망이도 있다는 말이다.
콧구멍이란 본분도리, 본분사를 상징하는 말로 근본 핵심을 파악했을 때를 '코를 잡았다' 혹은 '콧구멍이 있다'고 한다.
양구良久는 말을 하지 않고 잠시 침묵을 지키는 것을 말한다.

소림면벽은 달마가 9년을 소림굴에서 면벽하고 지낸 것을 말하고 화산타고는 당나라 말 때 화산무은禾山無殷: 884~960 선사가 학인에게 질문을 받을 때마다 "북을 칠 줄 아는 것"이라 대답한 것을 말한다. '산승이 모른다' 는 것은 석두희천石頭希遷: 700~790 스님이 "나는 불법을 모른다"라고 한 것을 두고 한 말이며, 달마불식은 달마가 양무제를 만났을 때 한 말이다.

탐간영초探竿影草는 선사가 학인의 역량을 시험하는 수단 방편을 비유해 말하는 것으로 탐간은 원래 어부가 장대로 물의 깊이를 짚어 사다새〔鵜〕의 깃털을 물에 넣어 고기가 모여들게 하여 잡는 것이며, 영초는 풀을 물에 넣어 두면 풀 밑에 고기가 모여 들어 이를 잡는 것을 말한다.

81장

임제의 할 덕산의 방 臨濟喝 德山棒

臨濟喝과 德山棒이 皆徹證無生하여
임 제 할   덕 산 방   개 철 증 무 생

透頂透底·大機大用이 自在無方하여
투 정 투 저   대 기 대 용   자 재 무 방

全身出沒하며 全身擔荷하여
전 신 출 몰   전 신 담 하

退守文殊·普賢大人境界나 然이나
퇴 수 문 수   보 현 대 인 경 계   연

據實而論컨대 此二師이라 亦不免偸心鬼子로다
거 실 이 론   차 이 사   역 불 면 투 심 귀 자

임제의 할과 덕산의 방이 본래 남이 없는 무생법인無生法印을 사무쳐 증득하여 머리와 발끝까지 꿰뚫어 '큰 기틀, 큰 쓰임이 자유자재하여 온 몸이 나오고 잠기고 하며 온몸으로 짊어지고 물러나 문수와 보현의 경계를 지키는 것이다. 그러나 실제로 말하자면

이 두 스님 임제와 덕산도 도깨비짓을 면치 못한다.

凜凜吹毛여 不犯鋒鋩이로다
늠 름 취 모　　불 범 봉 망

시퍼런 칼날이여, 다칠까 조심하라.

爍爍寒光은 珠媚水하고 寥寥雲散 月行天이어이라
삭 삭 한 광　주 미 수　　요 요 운 산　월 행 천

반짝 반짝 차가운 빛 물 맑히는 구슬이요
고요한 하늘 구름 흩어지니 달이 가네.

임제의 할과 덕산의 방이란 중국 선종사에서 특별한 두 선풍을 나타내는 대명사로 쓰여 온 말이다. 임제의현은 곧잘 '악!' 하고 고함을 질렀는데 이를 후대에 와서 임제의 '할'이라 하였고 덕산선감德山宣鑑: 782~865은 곧잘 방망이를 두들겨 학인을 때렸다.

대기大機 · 대용大用이란 기機는 본래 주어진 기량을 말하고 용用은 주어진 기량의 활용을 말한다. 또 종지를 밝히는 경우를 대기라 하고 학인을 접화接化하는 것을 대용이라 한다.

82장
부처와 조사를 원수처럼 보라
見佛見祖如冤家

大丈夫는 見佛見祖를 如冤家이라 하니
대 장 부   견 불 견 조   여 원 가

若着佛求하면 被佛縛이요 若着祖求하면
약 착 불 구   피 불 박   약 착 조 구

被祖縛이라 有求皆苦이라 不如無事니라
피 조 박   유 구 개 고   불 여 무 사

"대장부는 부처와 조사를 원수처럼 보아야 한다" 했으니 만약 부처에 집착해 구하면 부처에 얽매일 것이요, 조사에 집착해 조사를 구하면 조사에 얽매일 것이다.
구하는 것이 있으면 모두 괴로울 뿐이니 일없는 것만 못하니라.

佛祖如冤者는 結上無風起浪也요 有求皆苦者는 結上當體便見也
불조여원자   결상무풍기랑야   유구개고자   결상당체편견야

요 不如無事者는 結上動念卽乖也이라 到此하여 坐斷天下人舌頭하
   불여무사자   결상동념즉괴야   도차   좌단천하인설두

고 生死迅輪을 庶幾停息也이라 扶危定亂은 如丹霞燒木佛과 雲門
   생사신륜   서기정식야   부위정란   여단하소목불   운문

喫狗子와 老母不見佛이라 皆是摧邪顯正底手段이나 然이나 畢竟
끽구자   노모불견불   개시최사현정저수단   연   필경

如何오
여 하

부처와 조사를 원수와 같이 한다는 것은 위에서 말한 '바람 없는데 물결이 일어난다'는 말을 마무리한 것이요, 구하는 것이 있으면 모두 괴로울 뿐이란 것은 위의 '그 자체를 바로 본다'는 말을 마무리한 것이다. 일없는 것만 못하다는 것은 위의 '생각이 움직이면 곧 어긋난다'는 말을 마무리한 것이다.

이러한 경지에 이르러서는 천하 사람들의 혀를 잘라버리고 생사의 빠른 바퀴도 멈추게 된다. 나라의 위기를 붙들고 난리를 평정한 것은 단하가 '목불을 태운 것'과 운문이 '개에게 먹이를 주겠다' 한 것과 '노파가 부처님을 보지 않으려 한 것'과 같은 것이다. 모두가 삿된 것을 꺾고 정법을 나타내는 수단이다. 그렇긴 하지만 필경에는 어쩔 것인가?

常憶江南三月裡에 鷓鴣啼處百花香이라
상 억 강 남 삼 월 리   자 고 제 처 백 화 향

언제나 그립구나! 강남의 3월에
온갖 꽃향기 속에 자고새 우는 것이.

부처와 조사를 원수 같이 한다는 말은 자기 부처를 찾은 사람은 남의 부처에 의존하지 않는다는 뜻에서 한 말이다. 본래 부처임을 자각하면 자기 부처 외에 따로 찾을 부처가 없기 때문이다. 이것이 선을 통해 체득하는 주체 확립이라 할 수 있다. 생사의 바퀴를 멈추게 한다는 것이 바로 완전한 자유를 얻은 대해탈의 경지를 표현한 말이다.

단하소목불丹霞燒木佛은 단하천연 선사의 일화이다. 선사가 행각을 다니다가 혜림사란 절에 이르렀는데 추운 겨울이라 방에 불을 지필 땔감이 없어 법당에 모셔져 있는 목불을 안고 나와 쪼개서 불을 때웠다는 고사다.
운문끽구자雲門喫狗子는 운문문언 선사가 부처님이 태어나 "하늘 위 하늘 아래 내가 홀로 높다〔天上天下唯我獨存〕"라 외쳤다는 말에 대해 내가 만약 그때 있었다면 "몽둥이로 때려잡아 주린 개에 주었을 것을……" 하고 말한 것을 뜻한다.

노파가 부처님을 보지 않으려 한 것〔老母不見佛〕이란 부처님 당시에 사위성 사람들이 부처님을 보려고 몰려왔는데 오직 한 노파가 부처님을 보지 않으려고 문을 닫고 두 손으로 눈을 가렸는데 손가락 끝마다 부처님이 나타났다는 이야기이다.

83장

신령스러운 빛 만고에 빛나다
神光不昧 萬古徽猷

神光이 不昧하여 萬古徽猷이라
신 광   불 매   만 고 휘 유

入此門來하여는 莫存知解어다
입 차 문 래   막 존 지 해

신령스러운 빛이 밝기만 해 만고에 빛나니 이 문 안으로 들어와서는 알음알이를 두지 말라.

神光不昧者는 結上昭昭靈靈也요 萬古徽猷者는 結上本不生滅也
신광불매자   결상소소영영야   만고휘유자   결상본불생멸야

요 莫存知解者는 結上不可守名生解也이라 門者는 有凡聖出入義
  막존지해자   결상불가수명생해야   문자   유범성출입의

하니 如荷澤의 所謂 知之一字가 衆妙之門也이라 吁이라 起於名狀
　　 여하택　소위 지지일자　중묘지문야　 우　　 기어명상

不得하여 結於莫存知解하니 一篇葛藤을 一句都破也로다 然이나 始
부득　 결어막존지해　　 일편갈등　 일구도파야　　 연　 시

終一解하고 中擧萬行하니 如世典之三義也이라 知解二字는 佛法
종일해　　 중거만행　　 여세전지삼의야　　　 지해이자　 불법

之大害故로 特擧而結之하니 荷澤神會禪師가 不得爲曹溪嫡子者
지대해고　 특거이결지　　 하택신회선사　　 부득위조계적자자

以此也이라 因而頌曰
이차야　　　 인이송왈

신령스러운 빛이 밝기만 하다는 것은 위의 '밝고 신령하다' 는 말을 마무리한 것이요, 만고에 빛난다는 것은 위의 '본래 나지도 죽지도 않는다' 는 말을 마무리한 것이요, 알음알이를 두지 말라는 것은 위의 '이름을 지켜 알음알이를 내지 말라' 는 말을 마무리한 것이다. 문이란 범부와 성인이 드나든다는 뜻이 있다. 하택의 이른바 '안다는 한 글자가 온갖 미묘한 이치의 문' 이라 한 문이다. 아! '이름도 모양도 없다' 는 데서 시작하여 '알음알이를 두지 말라' 는 것으로 마무리하니 한 편의 이야기를 한 마디 구절로 모두 부수어버렸다. 그러나 처음부터 끝까지 하나로 알게 하고 중간에 온갖 행을 들었으니 세속의 서적의 세 뜻과 같다. 지해 두 글자는 불법의 큰 해독인 까닭에 특별히 들어서 마무리하니 하택신회 선사가 조계의 적자가 되지 못한 것은 이 때문이다. 이어 송을 읊어 말하노라.

如斯擧唱明宗旨하니 笑殺西來碧眼僧이로다 然이나 畢竟如何오 咄!
여 사 거 창 명 종 지　　소 살 서 래 벽 안 승　　　연　　필 경 여 하　　돌

孤輪이 獨照江山靜하니 自笑一聲에 天地驚이로다
고 륜　독 조 강 산 정　　자 소 일 성　천 지 경

이렇게 들어 제창해 종지를 밝혔지만
서쪽에서 온 눈 푸른 중은 비웃으리라.
그러면 어쩌란 말인가? 아하, 달이 홀로 강산을 비추어 고요하기 이를 데 없는데
절로 터져 나온 웃음소리에 하늘과 땅이 놀라버리네.

《선가귀감》의 마지막 장은 신령스러운 빛이 밝기만 하다는 것을 강조하고 알음알이를 두지 말라는 말로 마무리하고 있다. 신령스러운 빛은 곧 마음의 광명이다. 이는 선 수행을 통해 얻는 깨달음의 세계는 지식으로 이해하는 차원이 아님을 밝혀주는 말이다. "달이 홀로 강산을 비추어 고요하기 이를 데 없는데 절로 터져 나온 웃음소리에 하늘과 땅이 놀라버린다." 마지막 송구가 매우 미학적이다. '아하!' 하고 감탄사를 쓴 것은 격외 선지를 끌어오기 위해 쓴 말일까? 많은 여운을 남기고 있다.

세속의 서적의 세 뜻이란 《중용中庸》에 "처음에는 한 이치를 말하고 중간에 흩어져 만사가 되고 끝에 다시 합쳐져 한 이치가 된다[始言一理하고 中散爲萬事하고 末復合爲一理니라]"는 말을 두고 한 말이다.

하택신회는 육조혜능의 5대 제자 가운데 한 사람이나 그를 선의 정수를 바로 이은 적자가 아니라 하고 지해종사知解宗師라 평해 온 것을 인용해 한 말이다.

발 . 문 .

여기에 편집된 글은 조계 노화상 퇴은(退隱)스님께서 지은 것이다. 슬프다. 이백 년을 내려오면서 부처님 법이 더욱 상실되어 선(禪)과 교(敎)의 무리들이 각각 다른 견해를 내니 교를 으뜸으로 여기는 사람들은 오직 찌꺼기에만 맛을 들여 한갓 모래알을 세기만 하고 다섯 교문 위에 바로 사람의 마음을 가리켜 스스로 깨달아 들어가게 하는 문이 있는 것을 알지 못하고 선을 으뜸으로 여기는 자들은 스스로 천진스러운 것만 믿어서 닦아 깨닫는 것을 무시하고 단박에 깨달은 뒤에 비로소 곧 발심해서 온갖 행을 닦아 익히는 뜻을 알지 못한다. 그리하여 선과 교가 뒤죽박죽 뒤엉켜 모래와 금을 가리지 못하는 지경이 되었다. 《원각경》에 이른바 "본래 부처가 되었다"는 말을 듣고 미혹과 깨달음이 본래 없다고 여겨 인과의 이치마저 부정하여 문득 그릇된 견해를 이루어버린다.

또 "무명을 닦아 없앤다"는 말을 듣고 참된 성품이 망념을 내는 것이라 하여 참되고 떳떳한 성품을 잃어버려 그릇된 견해를 이루는 것이 이런 경우다.

　아, 위태롭구나. 이 도가 바르게 전해지지 못하는 것이 어찌 이렇듯 심해졌는가? 이어질 듯 말 듯한 것이 마치 한 오라기 머리카락으로 천근의 무게를 달아 올리듯 거의 땅에 떨어져 자취가 없어질 듯하고 있다. 우리 스님께서 서산에 머무신 지 십 년 동안 소를 채찍하던 여가에 오십여 권의 경론과 어록을 보시다가 사이사이 일상 공부에 요긴하고 간절한 말이 있으면 기록해 두었다가 때때로 몇몇 제자들에게 차근차근 가르치셨으니, 마치 양떼를 먹이듯 하여 지나친 자는 억누르고 뒤떨어진 자는 채찍질하여 크게 깨닫는 문 안으로 몰아넣으려 하였다. 노파심이 사무친 인연이 이렇듯 간절하셨건만 제자들의 근기가 둔한 것을 어찌하리오. 도리어 법문이 고준한 것이 병이 되어버리니 스님께서 그 미혹하고 몽매함을 가련하게 여기시어 각 구절마다 주를 달아 풀이를 하고 엮은 차례대로 해석을 하였다.

　말을 이어 맞추고 혈맥이 서로 통하게 하니 대장경의 중요한 핵심과 선의 5종의 근원이 여기에 모두 갖추어졌다. 말씀마다 참된 이치를 보이고 구절구절이 종지에 부합되어, 치우친 자는 원만하게 하고 막혔던 자는 통하게 하니 선과 교의 거울이요, 바르게 알고 수행하게 하는 좋은 약이라 아니할 수 없다.

　그러나 스님께서 항상 이 일을 논함에 있어 비록 한 마디 말씀 반 구절이라도 마치 칼날을 다루듯이 조심하여 종이 위에 오를까 염려하였으니 어찌 이것을 유통시켜 당신의 능력을 자랑하려 하였겠는가?

　문인 백운선사 보원이 베껴 쓰고 문인 벽천선사 의천이 교정하였다. 문인 대선사 정원과 문인 대선사 대상과 청하도인 법융 등은 머리를 조아려 절을 하며 '일찍이 없었던 참으로 훌륭한 일이다' 찬탄했으며, 마침내 동지 6~7인과 더불어 바랑을 털어내 판각에 올려 유통시킴으로써 스님의 가르쳐 주신 은혜를 갚으려 하였다.

선의 큰 기틀과 교의 용장이 바다처럼 깊고 아득하니 비록 여의주를 찾고 산호를 캔다 말하지만 누가 어디서 찾으리오. 바다에 들어가기를 육지와 같이 하는 수단이 아니면 자못 물가만 바라보는 탄식을 면치 못하리라. 그런 점에서 보면 요점을 간추려 준 공과 깨우쳐 준 은혜가 산처럼 높고 바다처럼 깊다 할 것이다. 설사 뼈를 갈고 목숨을 바치더라도 어찌 털끝만큼이나 갚을 수 있으며, 천리 밖에서 보고 들어도 놀라지 않고 의심치 않으면서 받들어 읽고 보배로 삼는다면 참으로 천 년 뒤에라도 한 자손의 상서로운 구름이 될 것이다.

만력萬曆 기묘己卯:서기1579년 봄에
조계종 유손 유정惟政은 구결에 절하고 삼가 발문을 쓰다

跋 文

右編乃曹溪老和尙 退隱師翁所著也라 噫라 二百年來에 師法이 益喪하야 禪敎之徒가 各生異見하니 宗敎者는 唯耽糟粕하야 徒自算沙하고 不知五敎之上에 有直指人心하야 使自悟入之門이요 宗禪者는 自恃天眞하야 撥無修證하고 不知頓悟後에 始卽發心하야 修習萬行之意하니 禪敎混濫하야 沙金을 罔分이라 圓覺에 所謂聞說本來成佛하고 謂本無迷悟이라 하야 撥置因果卽便成邪見이요 又聞修習無明하고 謂眞能生妄이라 하여 失眞常性卽亦成邪見者가 是也니라 嗚呼殆哉라 斯道不傳이 何若是甚也오 綿綿涓涓이 如一髮 引千鈞하야 幾乎落地無從矣러니 賴我師翁이 住西山一十年하야 鞭中有暇에 覽五十本經論語錄타가 間有日用中에 參決要切之語句卽輒錄之하야 時與室中二三子로 諄諄然誨之하니 一如牧羊之法하야 過者는 抑之하고 後者는 鞭之하야 驅入於大覺之門하니 老婆心得徹因이 若是其切也언마는 奈二三子鈍根也리요 返以法問之高峻으로 爲病하니 師翁이 愍其迷夢하사 各就語句下하야 入註而解之하며 編次而釋之하니 鉤鏁連環하고 血脈相通이라 萬藏之要와 五宗之源이

極備於此하니 言言見諦요 句句朝宗이라 向之偏者는 圓之하고 滯者는 通之하니 可謂禪敎之龜鑑이요 解行之良藥也로다 然이나 師翁이 常與論這般事하되 雖一言半句라도 如弄劍刃上事하야 恐上紙墨하니 豈欲以此流通하야 誇衒己能也哉아 門人白雲禪師普願이 寫之하고 門人碧泉禪德義天이 校之하니 門人大禪師淨源과 門人大禪師大常과 門人淸霞導引法融等이 稽首再拜曰 未曾有也라 하고 遂與同志六七人으로 傾鉢囊中所儲하고 入梓流通하야 以報師翁訓蒙之恩也라 大機龍欌이 汪洋하야 渺若淵海하니 雖言探龍珠采珊瑚者라도 孰從而求之리오 非入海如陸之手段이면 頗不免望涯之歎이로다 然則撮要之功과 發蒙之惠가 如山之高하고 若海之深이라 設若碎萬高骨粉千命이라도 如何報得一毫哉아 千里之外에 有見之聞之하야 不驚不疑하고 敬之讀之하야 以爲寶玩則眞所謂千歲之下一子雲耳로다

時萬曆己卯 春
曹溪宗遺 四溟鍾峰 惟政은 拜手口訣하고 因爲謹跋하노라

해제

해解 . 제題 .

1. 선가귀감禪家龜鑑은 어떤 책인가?

《선가귀감》은 조선조 불교를 대표하는 서산대사西山大師 청허당淸虛堂 휴정休靜: 1520~1604이 지은 중요한 문헌이다. 서산대사께서 경론과 조사어록 등 50여 권의 책을 열람하고 그 가운데 중요한 내용을 간추려 발췌해서 제자들을 가르쳤던 것이다. 처음에는 원문만 기록해 두었다가 제자들의 청에 의해 알기 쉽게 주해註解를 붙이고 또 송頌과 평석評釋을 붙여 이루어진 책이다.

불교수행을 대표하는 선을 표방하여 《선가귀감》이라 제목을 붙였으나 선만을 강조하는 것이 아니라 간경看經, 염불念佛, 주력呪力 등 불교의 수행방법을 종합적으로 설해 놓았다. 말하자면 불교수행의 종합개론서이다. 선가禪家란 선의 모든 종파를 총칭하여 부르는 말이고 귀감龜鑑이란 거울이 되는 본보기라는 뜻이다.

물론 이 책이 중국에서 일어난 선의 오종가풍에 대해 낱낱이 열거하고 결국 임제종 종지를 크게 다루는 등 임제종을 중심으로 엮어졌지만, 《선가귀감》은 어디까지나 불교일반의 보편적이고 총체적인 수행법을 모두 다루어 제시하고 있다. 서산대사께서는 선을 중심으로 하되 불교 일반을 융합하려는 회통불교의 사상을 가졌던 스님이었음을 이 책을 통해 알 수 있다. 스님은 이 책에서 선과 교에 대한 일견을 피력하여 놓기도 하였다.

"선은 부처님의 마음이요, 교는 부처님의 말씀이다〔禪是佛心 敎是佛語〕."

이 말은 선과 교를 정의한 말이 되어 지금까지 회자되고 있다. 원래 선이란 말은 범어 드야나^{dhyana}가 그 어원이다. 이 말을 음사音寫하여 선나禪那라 하고 다시 이를 줄여 선禪이라 하게 된 것이다. 번역하여 말할 때는 정려靜慮, 사유수思惟修라 하고 또 정수正受, 기악棄惡 공덕총림功德叢林 등으로도 번역되었다. 이 드야나의 선은 육바라밀 가운데 하나인 선정바라밀에 해당하는 선이다. 그러나 《선가귀감》에서 다루고 있는 선은 중국불교에서 일어나 크게 융성했던 선종의 오종선풍을 총칭하는 선으로 단순한 드야나의 선과 차원이 다르다. 이른바 조사선祖師禪이라는 선으로 교외별전敎外別傳의 격외格外의 도리를 직관적으로 터득케 하는 선이다. "한 번 뛰어 바로 여래의 경지에 들어간다〔一超直入如來地〕"는 단박에 깨닫는 돈오頓悟의 종지를 갖고 있는 선으로, 일반적 선의 분류에서 쓰는 말인 의리선義理禪이나 여래선如來禪보다 상위에 있는 조사선祖師禪의 선법을 주창하고 있다. 물론 이러한 조사선도 그 근본은 드야나의 선정에 기초하고 있는 것이라 할 수 있지만 실제 수행가풍에 있어서 중국적 기질과 그 특성이 다르게 나타난다. 고함을 지르는 할喝이 등장하는가 하면 방망이로 후려

치는 방棒이 등장하는 것이 중국선의 특징이 되어버린 것이다. 이러한 선풍은 단순한 선정을 닦는 인도선印度禪에서 찾아볼 수 없는 것이다. 또 화두를 참구케 하는 간화선看話禪의 방법에 대해 《선가귀감》에서는 많이 설해 놓고 있다. 간화선을 지침으로 하여 견성을 하여 깨달음에 이르는 수행법을 밝혀주어 이것을 귀감으로 삼으라는 것이다.

우리나라에서 선법이 전래되어 온 역사를 살펴보면 우선 신라 말, 고려 초에 중국에 가서 선을 배워 온 구산선문의 개조들이 선을 보급하기 시작하였다. 이를 시발점으로 고려조를 내려오며 선법의 부침이 있다가 불일보조국사 때에 이르러 성적등지惺寂等持, 정혜쌍수定慧雙修 등을 내세우며 선의 부흥을 도모했으며, 중국 간화선의 완성자로 평가 받는 대혜종고 선사의 어록인 《서장》의 영향으로 간화선 정착이 시작되었다. 그러나 조선조의 배불정책에 불교가 크게 위축되어 근근이 그 명맥을 이어 오던 중 서산스님의 때에 《선가귀감》의 저술로 간화선법을 수행자의 지침으로 삼도록 가르치게 된 것이다.

2. 서산대사의 생애

서산대사는 조선조 중종中宗 15년, 서기 1520년에 평안도 안주安州에서 태어났다. 대사의 문집인 《청허집淸虛集》에는 동갑인 부모 나이 40세에 4남매 가운데 셋째 아들인 막내로 태어난 것으로 되어 있다. 속성은 완산 최씨, 속명은 여신汝信이었다. 아홉 살에 어머니를 여의고 열 살에 아버지를 여의어 어린 나이에 인생무상을 느꼈다. 대사는 보통 아이들과는 다른 총명함이 있어 당시 안주 목사로 와 있던 이사증李思曾의 눈에 띄어 12세 때 이사증이 여신을 서울로 데리고 가 성균관에 입학시켰다. 그러나 3년 뒤 15세 때 동학들과 함께 지리산을 유람하게 되었는데 그때 쌍계사의 숭인장로崇仁長老를 만나 출가의 인연을 맺게 된다. 숭인장로는 여신에게 경전을 가르치다 얼마 후 당시의 최고 선지식이었던 부용영관芙蓉靈觀 대사에게 보내어 선을 배우게 한다. 이런 과정을 거쳐 18세 때 정식으로 스님이 되어 법명을 휴정休靜이라 하였다. 5년이 지난 후 어느 날 벗을 방문하기 위하여 용성龍城: 현재의 남원南原을 갔다 오다 역성촌歷星村이란 마을에서 한낮에 닭 우는 소리를 듣고 오도송悟道頌을 짓는다.

    머리털은 희어지지만 마음은 늙지 않는다고
    옛 사람이 일찍이 말하더니
    지금 닭 우는 소리 한 번 듣고
    장부의 할 일 마쳐버렸네.

    髮白心非白   발백심비백
    古人曾漏泄   고인증누설
    今聞一聲鷄   금문일성계
    丈夫能事畢   장부능사필

이 오도송 이전에도 대사가 영관문하에서 공부하다 지었다는 송이 있다.

홀연히 창밖의 두견새 우는 소리 들리더니
눈에 가득 들어온 청산이 모두가 고향이네.

忽聞杜宇啼窓外　　홀문두우제창외
滿目靑山盡故鄕　　만목청산진고향

또 어느 날 지은 시이다.

물 길어오다 홀연히 고개를 돌려 보니
수많은 청산이 구름 속에 있구나.

汲水歸來忽回頭　　급수귀래홀회두
靑山無數白雲中　　청산무수백운중

대사는 30세에 주위의 권유로 승과僧科에 응시하여 장원으로 급제한다. 승과에 합격하여 교종판사도대사敎宗判事都大師가 되었다가 얼마 후 다시 선종판사도대사禪宗判事都大師를 겸하게 된다.
　명종 12년1557에 대사는 금강산으로 들어가 지내다 다시 지리산으로 돌아와 6년을 지낸다. 그 후 오대산, 태백산, 금강산을 거쳐 묘향산으로 들어가 오래 주석하였다. 이리하여 서산대사라 불리게 되었다. 서산이 바로 묘향산이다.
　《선가귀감》 서문에서는 자신을 백화도인白華道人이라 칭했는데 이는 금강산 백화암白華庵에 주석한 인연으로 쓴 호이다. 백화암은 금강산 표훈사 남쪽에 있던 암자였다.

70세가 되던 선조 22년1589에 대사는 그가 지었던 시 한 편 때문에 정여립의 역모에 관련되었다는 모함을 받는 일이 생겼다.

> 온 나라의 도성은 개미 둑 같고
> 수많은 영웅호걸 초파리 같은 것
> 밝은 달 창에 비치고 맑은 허공 베개 해 누우니
> 한없이 불어오는 솔바람 그 소리 고르지 않구나.

> 萬國都城如蟻垤   만국도성여의질
> 千家豪傑若醯雞   천가호걸약초계
> 一窓明月淸虛枕   일창명월청허침
> 無限松風韻不齊   무한송풍운부제

이 시에 나라에 대한 불순한 뜻이 있다고 누군가 모함하여 누명을 씌우려 했으나 선조의 올바른 판단으로 화를 면했다.

대사의 연세 73세 때 임진왜란이 일어났다. 1592년이었다. 전세戰勢가 크게 불리해 선조는 결국 평안도 의주로 피난을 가게 되었다. 대사는 선조의 부름을 받고 의승군義僧軍을 조직 팔도십육종도총섭八道十六宗都總攝이 되어 왜병을 물리치는 선봉에 나섰다. 전국에 격문을 띄워 나라를 구하자고 호소하자 여러 제자들이 힘을 모아 의승군으로 활동한다. 금강산의 유정惟政과 지리산의 처영處英, 공주의 영규靈圭

등이 의승군을 조직하여 전쟁에 참가했다.

서울을 수복한 후 선조 27년1594 75세가 된 대사는 도총섭의 중책을 제자 유정에게 맡길 것을 선조에게 상소하여 모든 직책에서 물러나 다시 묘향산으로 들어갔다.

선조는 대사의 공을 크게 치하하고 국일도대선사선교도총섭부종수교보제등계존자國一都大禪師禪教都總攝扶宗樹教普濟登階尊者라는 존호尊號를 내리고 이어 정이품正二品 당상직堂上職을 제수하였으나 대사는 받지 않았다. 이후 10년 가까이 묘향산에 주석하던 대사는 선조 37년1604년 정월 23일에 원적암圓寂庵에서 대중을 모아놓고 마지막 설법을 하였다.

팔십 년 전 네가 나이더니
팔십 년 후 내가 너로구나.

八十年前渠是我　　팔십년전거시아
八十年後我是渠　　팔십년후아시거

자신의 초상화를 가리키면서 이렇게 임종게臨終偈를 남기고 가부좌를 튼 채 입적하였다. 세수 85세 법랍法臘 67세였다. 대사의 법을 이어받은 제자가 70여 명이나 되었다.

대사는 《선가귀감》 외에도 선과 교의 요의를 밝힌 《선교석禪教釋》과 《선교결禪教訣》을 지었으며 또 유교와 도교에 관한 《유가귀감儒家龜鑑》과 《도가귀감道家龜鑑》을 비롯하여 《심법요초心法要抄》, 《운수단

雲水壇》 등도 저술하였다.

문집으로 《청허당집淸虛堂集》이 남아 전한다. 특히 《선가귀감》은 제자 사명당이 일본에 전해 일본 임제종의 지침서가 되어 널리 연구되었으며, 일본에서 나온 판본이 무려 180여 종에 달한다.

마음속 부처 찾기 찾아보기

4바라이(四波羅夷)_149
5뢰고(五牢固)_153

ㄱ

가사(袈裟)_219, 221, 222, 223, 237, 238
《가산불교대사림(迦山佛敎大辭林)》_172
가섭(迦葉)_21, 23, 26, 39, 38, 40~43, 45, 284
간시궐(乾屎橛)_72
간혜(乾慧)_105
간화선(看話禪)_61, 68, 72, 74, 75, 85, 267, 288, 316, 338
강맥(講脈)_111
견성(見性)_46, 52, 54, 55, 72, 74, 267, 338
견성성불(見性成佛)_113
《경덕전등록(景德傳燈錄)》_178
경산종고(徑山宗杲)_281, 288
계(戒)_148, 149, 156, 162, 164, 166, 170, 223, 231, 232
고균비구(古筠比丘)_75
고봉원묘(高峰原妙)_74
고안대우(高安大愚)_283
곡담(曲談)_61
공(空)_56~58, 131, 166, 200, 212, 258, 259, 267
공관(空觀)_89
공안(公案)_24, 68, 70~72, 75, 78, 179
공종(空宗)_54

공화(空華)_137, 139, 252, 253
《과거현재인과경(過去現在因果經)》_244
곽산경통(霍山景通)_297, 300
곽시쌍부(槨示雙趺)_277
관심십문(觀心十門)_75
관찰의선(觀察義禪)_86
교외별전(敎外別傳)_61
구나발타라(求那跋陀羅)_245
구두선(口頭禪)_107, 203
구모(龜毛)_176
《구사론(俱舍論)》_40
구자무불성화(狗子無佛性話)_72, 78
구족계(具足戒)_222, 303
국일도흠(國一道欽)_293
궁자(窮子)_144
권교(權敎)_121, 191, 207
규봉종밀(圭峰宗密)_54, 58, 85, 191, 192, 194, 200, 201
《금강경(金剛經)》_140, 142, 176, 178, 294, 295
《금강경오가해설의(金剛經五家解設誼)》_22, 23
금계(禁戒)_149
금륜왕(金輪王)_217, 219
금비(金鎞)_32
기사굴산(耆闍崛山)_90, 150
《기신론(起信論)》_64, 123
까르마(karma)_98

ㄴ

나은(羅隱)_216
나한선사(羅漢禪師)_302
낙도가(樂道歌)_50
남대수안(南臺守安)_301, 304
남악나찬(南嶽懶瓚)_50
남악회양(南嶽懷讓)_278, 281~283, 289

남양혜충(南陽慧忠)_23, 282, 289, 298, 299
남원도옹(南院道顒)_281, 284
남전(南泉)_115, 286
남전설(南傳設)_40
남탑광용(南塔光湧)_297, 300
납자(衲子)_217~219, 290
노서입우각(老鼠入牛角)_82
《논어(論語)》_203
《능가경(楞伽經)》_41, 86, 253
능소(能所)_129
《능엄경(楞嚴經)》_65, 104, 144, 149, 159, 181, 182, 222, 250, 301
니르바나(nirvāṇa)_129

ㄷ

다라니(Dhāraṇi)_181, 193
다르마다투(dharmadhātu)_260
다자탑전(多子搭前)_277
단견(斷見)_89
단멸공(斷滅空)_267, 268
단하소불(丹霞燒佛)_24
단하천연(丹霞天然)_24, 323
담마밀다(曇摩蜜多)_27
담무참(曇無讖)_115
대기(大機)_276, 277, 320
대만홍인(大滿弘忍)_193, 282
《대반열반경(大般涅槃經)》_115
《대범천왕문불결의경(大梵天王問佛決疑經)》_41
대승교(大乘敎)_40, 38, 41
《대승기신론(大乘起信論)》_33, 41, 55, 93, 113, 192, 194
대승대의장(大乘大義章)_195
대승선(大乘禪)_86
《대승열반경(大乘涅槃經)》_115

대용(大用)_277, 320
《대일경(大日經)》_182
《대장엄론경(大莊嚴論經)》_157
《대지도론(大智度論)》_194, 229
《대지도론요약(大智度論要略)》_195
《대총상법문(大總相法門)》_64
《대품반야경(大品般若經)》_229
《대혜보각선사어록(大慧普覺禪師語錄)》_288
대혜종고(大慧宗杲)_68, 109, 127, 271, 338
덕산선감(德山宣鑑)_293, 294, 319
덕이(德異)_75
도(道)_74, 75, 91~93, 96, 111, 122, 127, 146, 167, 168, 170, 181, 185, 201~204, 206, 210, 211, 224, 225, 228, 233~235, 244, 250, 251, 263, 265, 290, 298~300
도고마성(道高魔盛)_93
도과(道果)_234
도교(道敎)_23, 194, 342
《도덕경(道德經)》_203
도봉혜거(道峰慧炬)_303
《도서(都序)》_134
도성제(道聖諦)_168
도신(道信)_193
도안(道安)_194
도안(道眼)_234
도탈(度脫)_58
돈교(頓敎)_38, 41, 68
돈도암홍도비구수산신송(頓道菴弘道比丘受蛇身頌)_172
돈오(頓悟)_41, 64, 113, 123, 136, 337
돈오돈수(頓悟頓修)_32
돈오법(頓悟法)_32
돈오점수(頓悟漸修)_32, 144, 192

동산수초(洞山守初)_ 72
동산양개(洞山良价)_ 68, 238, 274, 289, 291
《동산양개화상어록(洞山良价和尙語錄)》_ 274
《동정어록(洞庭語錄)》_ 296
동체대비(同體大悲)_ 169, 170
드야나(dhyāna)_ 39, 134, 337

■

마등가(摩登伽)_ 181, 182
마라(māra)_ 28, 93
마명(馬鳴, Asvaghosa)_ 191, 194, 282
마삼근(麻三斤)_ 72
마조도일(馬祖道一)_ 271, 275~278, 281, 283, 290, 293
마하가섭(摩訶迦葉)_ 40~42, 281
《만선동귀집(萬善同歸集)》_ 198, 304
말법(末法)_ 152~154, 220, 222
멸성제(滅聖諦)_ 168
《명각선사어록(明覺禪師語錄)》_ 296
《명보응론(明報應論)》_ 195
명상(名相)_ 36
모크샤(mokṣa)_ 58
몽산(蒙山)스님_ 74, 75
《몽산법어(蒙山法語)》_ 75
묘수(妙首)_ 168
무기공(無記空)_ 267, 268
무명(無明)_ 30, 53, 88, 97, 98, 122, 123, 134, 136, 183, 184
무상(無常)_ 102, 104, 210~212, 244
무상법문(無常法門)_ 140
무생(無生)_ 131
무생법인(無生法印)_ 318
무아(無我)_ 58, 212
무외시(無畏施)_ 170

무위심(無爲心)_ 50, 178
무자성(無自性)_ 58
무자화두(無子話頭)_ 72, 78, 82
무착문희(無着文熹)_ 297, 300, 301
묵조선(默照禪)_ 271, 288
《문수경(文殊經)》_ 245
《문수사리문경(文殊師利問經)》_ 245
미타도량참법(彌陀道場懺法)_ 194
밀교(密敎)_ 181, 192, 193
밀종(密宗)_ 182

■

반산보적(盤山寶積)_ 47
반야(般若)_ 98, 270, 271
《반야경(般若經)》_ 41, 194
반연여선(攀緣如禪)_ 86
배촉관(背觸關)_ 285
배휴(裵休)_ 114, 115, 278, 298
백운수단(白雲守端)=백운선사(白雲禪師)_ 262, 264, 281, 285, 286, 330
《백운수단선사광록(白雲守端禪師廣錄)》_ 286
백장회해(百丈懷海)_ 93, 278, 281, 283
《범망경(梵網經)》_ 41, 149, 152, 231
범부선(凡夫禪)_ 86
범부소행선(凡夫所行禪)_ 86
법계(法界)_ 148, 258, 260
법맥(法脈)_ 111, 226, 280, 281, 289
법보시(法布施)_ 170
법성론(法性論)_ 195
법안문익(法眼文益)_ 289, 301, 302, 304
법왕법령(法王法令)_ 36
《법집별행록절요(法集別行錄節要)》_ 64
법창의우(法昌倚遇)_ 228
《법화경(法華經)》_ 36, 41, 144, 168, 178, 206, 207, 212, 215, 284

《법화삼매참의(法華三昧懺儀)》_194
《벽암록(碧巖錄)》_287, 293
변마장(辨魔章)_93
보디(bodhi)_204
보디사트바(Bodhisattva)_256
보리(菩提)_120, 148, 204, 206, 267
보문희변(普門希辯)_303
보살(菩薩)_40, 118, 140~142, 144, 170, 189, 231, 254~256, 300
〈보살심지법문품(菩薩心地法門品)〉_231
보수선사(寶壽禪師)_45
보시(布施)_90, 169, 170, 197
보조(普照)_32, 338
본각(本覺)_32, 33
본래면목(本來面目)_26, 27, 36, 45, 267, 298
본래무일물(本來無一物)_119, 120, 121
본지풍광(本地風光)_265, 267
부다트바(Buddhatva)_79
부법장전(付法藏傳)_42
북전설(北傳說)_40
분반좌(分半座)_277
분양무업(汾陽無業)_179
분양선소(汾陽善昭)_281, 285
《분주무덕선사어록(汾洲無德禪師語錄)》_285
불(佛)_203
불법(佛法)_31, 41, 61, 145, 156, 173, 181, 302, 304, 317, 326
불감혜근(佛鑑慧懃)_287
불교(佛敎)_23, 28, 55, 58, 78, 89, 131, 148, 181, 184, 194, 197, 204, 211, 212, 223, 225, 244, 336~338
불변(不變)_64, 65
불성(佛性)_22, 27, 32, 71, 72, 76~79, 109, 113, 121, 144, 184

불안청원(佛眼淸遠)_287
비구(比丘)_42, 156, 159, 172, 173, 193, 220~222
비구오덕(比丘五德)_222
빅슈(Bhikṣu)_222

ㅅ

사교입선(捨敎入禪)_64
사구(死句)_46, 68, 316
사나굴다(闍那崛多)_27
사대(四大)_104, 245, 258, 259
사뜨바(sattva)_27
사료간(四料簡)_33, 316
《사문불배왕자론(沙門不拜王者論)》_195
사성제(四聖諦)_129, 256
《사십이장경(四十二章經)》_90
사십팔원(四十八願)_193
사영운(謝靈運)_115
《사익경(思益經)》_139, 140
《사익범천소문경(思益梵天所問經)》_140
사자상승(師資相承)_111
사조(師祖)_286, 287
삼계(三界)_208, 209, 212, 302, 304
삼계유심(三界唯心)_55
삼매(三昧)_93, 164
삼무루학(三無漏學)_149
삼사라(saṃsāra)_159
삼업(三業)_151, 153, 222
삼처전심(三處傳心)_39, 40, 41, 277
삼현삼요(三玄三要)_316
삽삼조사(卅三祖師)_289
상견(常見)_89
상주불변(常住不變)_58, 131, 132, 212
서병재(徐炳宰)_172
서산(西山)스님_54, 192, 316, 336~338, 340

347

서암(瑞巖)_192, 195
《서장(書狀)》_109, 271, 288, 338
석두희천(石頭希遷)_289, 290, 293, 317
선(仙)_203
《선가귀감(禪家龜鑑)》_22, 192, 206, 327, 336~338, 341~343
선교일치(禪敎一致)_58, 192, 194
선무외(善無畏)_182
《선문염송(禪門拈頌)》_293
《선문염송설화(禪門拈頌說話)》_24
《선요(禪要)》_74
《선원제전집도서(禪源諸詮集都序)》_32, 54, 58, 85, 194, 201
선종(禪宗)_68, 72, 111, 115, 150, 178, 193, 271, 280, 281, 293, 316, 337
《선종사전서(禪宗史傳書)》_226
《선종영가집(禪宗永嘉集)》_75
설두개당록(雪竇開堂錄)_296
설두중현(雪竇重顯)_287, 293, 296
설봉의존(雪峰義存)_293, 295
《섭대승론석(攝大乘論釋)》_225
성기(性起)_131, 132
성문(聲聞)_40, 129, 207, 255, 256
성실종(成實宗)_54
성종(性宗)_54
소강절(邵康節)_260
소승교(小乘敎)_38, 40
소승선(小乘禪)_86
《소승열반경(小乘涅槃經)》_115
《송고백측(頌古百則)》_287
수도증멸(修道證滅)_168
수산성념(首山省念)_281, 284, 285
《수심결(修心訣)》_75
수연(隨緣)_31, 64, 65
수자상(壽者相)_142
수주도원(遂洲道圓)_194

수하항마상(樹下降魔相)_93
순야(śūnya)_58
순지선사(順支禪社)_115
스라바카(śrāvaka)_256
승가바라(僧伽婆羅)_245
승찬(僧璨)스님_127, 282
승천도원(承天道原)_226
시각(始覺)_33
식정(識情)_81, 83
신수대사(神秀大師)_120, 121
《신심명(信心銘)》_127
신해(信解)_142
신훈(新熏)_32, 33
실교(實敎)_191, 207
심계(心戒)_149, 148
《심지관경(心地觀經)》_206
십념(十念)_193
십무익송(十無益頌)_200
십선(十善)_40
《십이문론(十二門論)》_194

ㅇ

아니타(Anitya)_212
아미타바(Amitābha)_192
아미타불(阿彌陀佛)_189, 191~193, 264
아비드야(Avidyā)_123
아상(我相)_142, 184
아주(鵝珠)_156
《아함경(阿含經)》_40
악취공(惡取空)_268
암두전활(巖頭全豁)_195
앙산혜적(仰山慧寂)_86, 297, 298
야운(野雲)_238
약산유엄(藥山惟儼)_289, 290
양기방회(楊岐方會)_264, 281, 285
《양기어록(楊岐語錄)》_285

348

양억(楊億)_226
《어록(語錄)》_298
업(業)_26, 97, 98, 103, 104, 109, 143, 144, 153, 160, 180, 213~215, 220~222, 240, 244, 247~259, 264
업장(業障)_181, 193, 247
여구두연(如求頭然)_212
여래선(如來禪)_86, 87, 337
여래장(如來藏)_134, 286
연각(緣覺)_40, 129, 207, 255
연기(緣起)_131, 132, 143, 299
연대갑자총부지(年代甲子總不知)_50
열반(涅槃)_40, 42, 58, 129, 138, 139, 141, 156, 167, 168, 206, 222, 256, 264
《열반경(涅槃經)》_78, 113~115, 172, 174, 212
《염고집(拈古集)》_296
《영험실화전설집(靈驗實話傳說集)》_172
염화미소(拈花微笑)_41
염화시중(拈花示衆)_277
영가(永嘉)스님_50, 74, 75, 93
영감선사(靈鑑禪師)_303
영명연수(永明延壽)_156, 166, 197, 198, 301, 303
영산회상(靈山會上)_38, 39, 41, 148, 150
영운(嶺雲)_115, 298
영축산(靈鷲山)_90, 150
오가선종(五家禪宗)_226
오계(五戒)_40
《오계일기집(梧溪日記集)》_172
《오등회원(五燈會元)》_47, 78
오십오위(五十五位)_121
오온(五蘊)_258, 259, 260
오욕(五欲)_209
오조법연(五祖法演)_281, 286, 387
오종칠가(五宗七家)_194

외도선(外道禪)_86
용(用)_31, 54, 65, 320
용담숭신(龍潭崇信)_293, 294, 295
용수(龍樹, Nagarjuna)_89, 191, 194, 229, 282
용제소수(龍濟紹修)_301, 304
우두법융(牛頭法融)_263
운거도응(雲居道膺)_289, 292
운문선사(雲門禪師)_72, 266, 268, 293, 322, 323
《운문광록(雲門廣錄)》_78
《운문광진선사광록(雲門匡眞禪師廣錄)》_293
운문끽구자(雲門喫狗者)_323
운암담성(雲巖曇晟)_289, 291
운암선사(雲巖禪師)_274
《원각경(圓覺經)》_41, 137, 139, 329
《원각경대소초(圓覺經大疏鈔)》_194
원교(圓敎)_38, 41, 68
원상(圓相)_23, 298
원오극근(圓悟克勤)_281, 287
《원오불과선사어록(圓悟佛果禪師語錄)》_287
〈위산경책(潙山警策)〉_298
위산영우(潙山靈佑)_86, 113~115, 297~299
유(儒)_203
유교(儒敎)_23, 203, 287, 342
《유마경(維摩經)》_41, 140, 168, 250, 300
《유심결(唯心訣)》_198, 304
유위법(有爲法)_212
육신통(六神通)_149
육자(六字)_192
《육조단경(六祖壇經)》_75, 119, 121, 193
육조(六祖)스님=혜능(慧能)_21~23, 75, 85, 119, 121, 189, 192, 193, 282, 283,

289, 290, 293, 328
윤회(輪廻)_27, 30, 101~104, 145, 158~160, 186, 189, 192, 206, 209, 262
율맥(律脈)_111
음마(陰魔)_95, 96
의리선(義理禪)_337
〈이십억이경(二十億耳經)〉_90
인경구불탈(人境俱不脫)_33
《인과경(因果經)》_242, 244
인상(人相)_142, 184
인천교(人天敎)_38, 40
일념자(一念子)_109
일심(一心)_55
일체유심조(一切唯心造)_55
임제(臨濟)=임제의현(臨濟義玄)_67~69, 264, 271, 278, 279, 281, 283, 284, 318, 319
《임제록(臨濟錄)》_33, 51

ㅈ

《자경문(自警文)》_238
자명초원(慈明楚圓)_281, 285
자비도량참법(慈悲道場懺法)_193
자수회심(慈受懷深)_236
《잡아함경(雜阿含經)》_90
장사경잠선사(長沙景岑禪師)_184
장자(莊子)_50
재보시(財布施)_170
적자(嫡子)_22, 23, 326, 328
《전등록(傳燈錄)》_41, 47, 72, 86, 225, 226, 256, 277, 281
《전심법요(傳心法要)》_279
점수법(漸修法)_32,
정(定)_148, 149, 162, 164, 166, 170, 223
정명(淨名)_168, 223
정법안장(正法眼藏)_40, 41

제법무아(諸法無我)_131
제호(醍醐)_111
조사관(祖師關)_78, 84, 85
조사관문(祖師關門)_267, 273
조사서래의(祖師西來意)_61
조사선(祖師禪)_85~87, 337
조산탐장(曹山耽章)_289, 291
《조영집(祖英集)》_296
조현지법(調絃之法)_90
《종경록(宗鏡錄)》_166, 304
《종문무고(宗門武庫)》_288
《종문십규론(宗門十規論)》_289
〈좌선의(坐禪儀)〉_93
좌탈입망(坐脫立亡)_162
주(呪)_180, 181, 242, 243
중도(中道)_89, 221
《중론(中論)》_89, 194
중생상(衆生相)_142
《중아함경(中阿含經)》_212
《중용(中庸)》_328
《증도가(證道歌)》_50, 75, 93
지관문(止觀門)_192
지론(智論)_229
지문광조(智門光祚)_296
지장계침(地藏桂琛)_301, 302
직설(直說)_61
〈진각영조전(眞覺靈照傳)〉_178
징관(澄觀)_194, 300

ㅊ

《참동계(參同契)》_290
참법(懺法)_190, 193
참현인(參玄人)_212
참회게(懺悔偈)_247
천마(天魔)_95, 96, 190
《천수경(千手經)》_181, 247

350

천의의회(天衣義懷)_293, 296
천태덕소(天台德韶)_198, 226, 303
천태지의(天台智顗)_194
천황도오(天皇道悟)_293, 350
청량국사(淸凉國師)_121, 195, 300
〈청룡소(靑龍疏)〉_294
청매인오(靑梅印悟)_200
청원행사(靑原行思)_282, 283, 289, 290
체(體)_31, 54, 65
초계(草契)_156
〈초암가(草庵歌)〉_290
최상승선(最上乘禪)_86
출가인(出家人)_206
취암영참(翠巖令參)_303
《치문(緇門)》_228, 298
칠통(漆桶)_109

ㅋ

크샤마(kṣāma)_247
크샤야(kaṣāya)_223

ㅌ

탐간영초(探竿影草)_317
탐원(眈源)_23

ㅍ

파초혜청(芭蕉慧淸)_297, 300
팔풍(八風)_105
《폭천집(瀑泉集)》_296
풍혈연소(風穴延沼)_256, 281, 284
프라브라쟈(pravrajya)_206
프라즈냐(prajña)_98
필경공(畢竟空)_58

ㅎ

하택신회(荷澤神會)_282, 289, 326, 328
한 물건_20~23, 26, 27, 30, 31, 34~36
할(喝)_69, 270, 271, 275~277, 315, 316, 318, 319, 337
함허(涵虛)스님_23
《해심밀경(解深密經)》_41
향엄지한(香嚴智閑)_86, 115, 297~299
《허공장경(虛空藏經)》_26, 27
《허공장보살신주경(虛空藏菩薩神呪經)》_27
현교(顯敎)_191, 193
현사사비(玄沙師備)_301, 302
《현우경(賢愚經)》_253
협산선회(夾山善會)_287
혜(慧)_148, 149, 162, 164, 166, 170, 223
혜관(慧觀)_115
혜엄(慧嚴)_115
혜원(慧遠)_192, 194
혜지(慧持)_194
혜홍선사(慧洪禪師)_303
홍도비구자계시(弘道比丘自誡詩)_172
화산무은(禾山無殷)_317
《화엄경(華嚴經)》_35, 41, 47, 55, 75, 172, 197, 225, 250, 274
《화엄윤관(華嚴倫貫)》_194
화엄종(華嚴宗)_194
《화엄현담(華嚴玄談)》_121
화택(火宅)_206, 212
활구(活句)_46, 68, 85, 316
황벽희운(黃蘗希運)_68, 275, 277~279, 281, 283, 293
회광반조(廻光返照)_51
회양선사(懷讓禪師)_21, 22, 278
휴휴암주(休休庵主)_75
흥화존장(興化存獎)_283, 284

참불서시리즈 2권 선가귀감
마음속 부처 찾기

―
1판 1쇄 펴냄 2011년 3월 10일
1판 4쇄 펴냄 2024년 3월 25일
―
저자	_ 지안

펴낸이	_ 원명
편집인	_ 각운
펴낸곳	_ (주)조계종출판사

출판등록	_ 제2007-000078호
등록일자	_ 2007년 4월 27일
주소	_ 서울시 종로구 삼봉로 81 두산위브파빌리온 1308호
전화	_ 02-720-6107
팩스	_ 02-733-6708
구입문의	_ 불교전문서점 향전(www.jbbook.co.kr) 02-2031-2070~1

ⓒ 지안, 2011

ISBN 978-89-93629-52-1 04220

―
※ 책값은 뒤표지에 있습니다.
※ 저작권법에 의하여 보호를 받는 저작물이므로
   무단으로 복사, 전재하거나 변형하여 사용할 수 없습니다.
※ (주)조계종출판사의 수익금은 포교 · 교육 기금으로 활용됩니다.
―
이 도서의 국립중앙도서관 출판시 도서목록(CIP)은 e-CIP 홈페이지(http://www.nl.go.kr/ecip)에서 이용하실 수 있습니다.
(CIP제어번호 : CIP2011000727)